इतिहास

स्वतंत्रता संग्राम में झारखंड के अचर्चित नायक

डॉ. रामदयाल मुंडा जनजातीय कल्याण शोध संस्थान, राँची

स्वतंत्रता संग्राम में झारखंड के अचर्चित नायक

सम्पादक

रणेन्द्र

मोनिका रानी टुटी

राकेश रंजन उराँव

अमृता प्रियंका एक्का

राजकमल प्रकाशन

ISBN : 978-93-6086-034-9

मूल्य : ₹495

पहला संस्करण : 2024

प्रकाशक : राजकमल प्रकाशन प्रा. लि.
1-बी, नेताजी सुभाष मार्ग, दरियागंज
नई दिल्ली-110 002

शाखाएँ : अशोक राजपथ, साइंस कॉलेज के सामने, पटना-800 006
पहली मंजिल, दरबारी बिल्डिंग, महात्मा गांधी मार्ग, प्रयागराज-211 001
1, अनमोल सोराबजी सन्तुक लेन, धोबी तलाव, मरीन लाइंस, मुम्बई-400 002
वेबसाइट : www.rajkamalprakashan.com
ई-मेल : info@rajkamalprakashan.com

मुद्रक : बी.के. ऑफसेट
नवीन शाहदरा, दिल्ली-110 032

SWATANTRATA SANGRAM MEIN JHARKHAND KE ACHARCHIT NAYAK
Edited by Ranendra, Monika Rani Tuti, Rakesh Ranjan Oraon, Amrita Priyanka Ekka

भूमिका

आजादी के अमृत महोत्सव ने हमें सिंहावलोकन का अवसर प्रदान किया कि आजादी की लड़ाई में हमारे झारखंड प्रदेश के कितने पुरखों ने अपना बलिदान दिया और उनमें से कितनों के नाम स्वर्णाक्षरों में अंकित नहीं हो सके।

हमने इतिहास के पन्नों में भी तलाश करने की कोशिश की कि हमारे आजादी के वैसे नायक, जिनकी कथाएँ-कहानियाँ-गीत लोकमन व लोकमत में वर्षों से घुमड़ते रहे हैं, उन्हें वहाँ कितनी जगह मिली है? हमने यह पाया कि हमारे हृदय में बसनेवाले ये नायक इतिहास के लिए अभी तक अचर्चित और अपरिचित हैं। वैसे भी मध्यकाल से ही इतिहास लेखन राजधानियों और दरबारों के इर्द-गिर्द सिमटा रहा है। झारखंड जैसे सीमान्त प्रदेश और यहाँ के हर काल की ऐतिहासिक गतिविधियाँ नई दिल्ली के इतिहासकारों के पन्नों में जगह बनाने से वंचित रही हैं। प्राचीनकाल में राजतंत्रों का उदय होने के पूर्व अपने देश के गणतंत्रों-गणराज्यों का जनजातीय चरित्र देवीप्रसाद चट्टोपाध्याय, रामशरण शर्मा और डी.डी. कोसम्बी जैसे विद्वान इतिहासकारों की पुस्तकों के कुछ पैराग्राफों में सिमटकर रह गया है। वे पैराग्राफ पिछले पाँच-छह दशकों से प्रतीक्षा कर रहे हैं कि कोई शोधकर्ता आए और उनके आधार पर एक मुकम्मल शोध-कार्य पूर्ण करे।

उसी प्रकार मध्यकाल में मध्य भारत, पूर्वी भारत और उत्तर-पूर्वी भारत में स्थापित हुए जनजातीय राजवंशों पर अभी बहुत काम होना बाकी है। हालाँकि इतिहासकार कुमार सुरेश सिंह, सी.यू. विल्स, सुरजीत सिन्हा, हरमेन कुल्के, सुरंजीत के. साहा, उपीन्दर सिंह, सुरेश मिश्र, सुमित गुहा आदि ने इस दिशा में उल्लेखनीय शोध-कार्य किया है, किन्तु इन पर अभी भी बहुत काम होना बाकी है, विशेषकर झारखंड के जनजातीय राजवंशों पर तो अभी ढंग का कोई काम नजर नहीं आता।

पटना विश्वविद्यालय के प्रो. जगदीशचन्द्र झा ने छोटानागपुर के कोल (मुंडा-हो-उराँव) क्रान्ति पर 60 के दशक में लन्दन विश्वविद्यालय से शोध-कार्य पूर्ण किया, उसके बाद कुमार सुरेश सिंह ने 1966-67 में धरती आबा बिरसा मुंडा पर एक शोध पूर्ण किया। प्रो. पुरुषोत्तम कुमार, प्रो. अशोक कुमार सेन, प्रो. इन्द्र कुमार चौधरी, प्रो. सुरेन्द्र झा जैसे कुछ चन्द नाम हैं, जिन्होंने झारखंड के जनजातीय इतिहास

और जनजातीय क्रान्तिकारी शहीदों पर अपनी लेखनी चलाई, जिसके कारण भारतीय इतिहास के पन्नों में उनकी धमक सुनाई पड़ी। हालाँकि इन विद्वान अग्रजों की लेखनी एक दिशा दिखा रही है, किन्तु मंजिल तक पहुँचने के लिए एक लम्बी राह पार करना शेष है। केवल जनजातीय इतिहास के प्राचीनकाल, मध्यकाल और आधुनिक काल पर ही 100 से अधिक शोध-कार्य किये जा सकते हैं। इन्हीं सम्भावनाओं की तलाश की एक छोटी-सी उपलब्धि के रूप में यह पुस्तक पाठकों के समक्ष है।

स्वतंत्रता संग्राम में झारखंड के अचर्चित नायकों पर शोध के लिए संस्थान की परामर्शी समिति (एडवाइजरी काउंसिल) ने हर प्रमंडल के लिए दो-दो शोधकर्ताओं के चयन का सुझाव दिया। इस सुझाव के आलोक में चयनित शोधकर्ताओं (श्री विवेक आर्यन, श्रीमती मागरिट तिग्गा, श्री महादेव महतो, सुश्री जेनी टोप्पो, श्री कुमार ऋषि, श्री अमन मरांडी, श्री ओमप्रकाश बाउरी) ने क्षेत्र में जाकर लोक-कथाओं और लोक गीतों का संग्रह किया फिर राँची, पटना और कोलकाता के अभिलेखागारों में बैठकर अभिलेखों में उनके प्रमाणों की तलाश की। डेढ़ साल से ज्यादा समय तक इन युवा शोधकर्ताओं के दिन-रात परिश्रम के फल के रूप में हमारे बारह अचर्चित नायक इतिहास के पन्नों में अपनी उपस्थिति दर्ज कराने आ रहे हैं। इन शोधकर्ताओं में से अधिकांश इतिहास की पृष्ठभूमि से नहीं थे, अत: इन्हें इतिहास-लेखन के अनुशासन में ढालने के लिए राँची विश्वविद्यालय के विभिन्न महाविद्यालयों के इतिहास विभाग के विद्वान आचार्यगण यथा : डॉ. अंजना सिंह, डॉ. अंजु टोप्पो, डॉ. संजय सिंह और डॉ. रविदत्त वाजपेयी ने कई बार प्रशिक्षित किया। मानवशास्त्री डॉ. अभय सागर मिंज ने भी प्रशिक्षण शिविर में शोध-प्रविधि पर मार्गदर्शन दिया। इन सबों के प्रति यह संस्थान हार्दिक कृतज्ञता ज्ञापित करता है।

अपने स्वेद, शोणित और आँसू से भारत माँ की बेड़ियों को चकनाचूर करनेवाले, साहस-शौर्य-वीरता के प्रतिमान इन बारह अमर शहीदों से पाठकों का परिचय करवाते हुए यह संस्थान अपने को अत्यन्त गौरवान्वित महसूस कर रहा है। भारत माँ के ऐसे-ऐसे सच्चे सपूतों, वीर क्रान्तिकारियों ने झारखंड की धरती पर जन्म लिया है, जिनकी वीरता, साहस और त्याग का उदाहरण अन्यत्र मिलना दुर्लभ है, जैसे अमर शहीद हाथीराम मुंडा, जिन्हें ब्रिटिश हुकूमत ने जिन्दा दफना दिया था। ऐसा कोई दूसरा उदाहरण स्वाधीनता संग्राम के इतिहास में देखने को नहीं मिलता।

यह शोध पुस्तक झारखंड के उन तमाम चर्चित-अचर्चित नायक-नायिकाओं को श्रद्धांजलि स्वरूप समर्पित है। विश्वास है कि आधुनिक इतिहास के विद्वान आचार्यों-शोधार्थियों-विद्यार्थियों के साथ सामान्य पाठकों का भी प्यार इस पुस्तक को प्राप्त होगा।

—सम्पादक मंडल

क्रम

शहीद हाथीराम मुंडा और हाड़ी मुंडा

विवेक आर्यन

इतिहास हर नायक के साथ एक-सा बर्ताव नहीं करता। देश के लिए जान कुर्बान कर भी कुछ लोग इतिहास के पन्नों में अचर्चित ही रह जाते हैं। 19वीं शताब्दी के अन्त में अंग्रेजों के खिलाफ खूँटी में हुआ बिरसा का आन्दोलन ऐसे ही कई अचर्चित नायकों के बलिदान का उदाहरण है। आन्दोलन का चेहरा रहे बिरसा के हाथों में शीर्ष नेतृत्व जरूर रहा, लेकिन इस व्यापक क्रान्ति में कई अन्य भी नायक की भूमिका में थे, जिनकी चर्चा कभी कहीं नहीं हो सकी। ऐसे ही दो अचर्चित लेकिन महत्त्वपूर्ण नाम हैं हाथीराम मुंडा और हाड़ी मुंडा। हाथीराम मुंडा को क्रूर अंग्रेजी हुकूमत ने जिन्दा दफन कर दिया था। उसी दिन उनके चचेरे भाई हाड़ी मुंडा भी अंग्रेजी गोली के शिकार हुए थे। 'अपनी धरती पर अपना राज' की खातिर जान गँवाने के बाद भी उनकी शहादत की कहीं चर्चा तक नहीं हो पाई।

इस अध्याय में बिरसा आन्दोलन के इन्हीं दो अचर्चित नायकों के जीवन और आन्दोलन में उनकी भूमिका पर शोधपरक जानकारियाँ प्रस्तुत करने का प्रयास है। शोध कार्य मुख्यत: वंशजों व ग्रामीणों द्वारा उपलब्ध कराई गई जानकारियाँ, पत्थलगड़ी व अभिलेखों से मिले साक्ष्यों और जमीन-सम्बन्धी दस्तावेजों पर आधारित है। शोध का उद्देश्य है कि स्वाधीनता संग्राम में नायक की भूमिका में रहे शहीदों को इतिहास में उचित स्थान मिल सके, जिसके वे हकदार हैं।

सईल रकाब पहाड़, खूँटी (झारखंड)

परिचय

झारखंड में पत्रकारिता करते हुए बिरसा मुंडा और उनके आन्दोलन से मेरा वास्ता शुरुआती दिनों में ही हो गया था। बिरसा के आन्दोलन के बारे में गहन अध्ययन करना शुरू किया, तो आन्दोलन के नेतृत्व को लेकर मन में कई सवाल उठे। मैंने जानना चाहा कि क्या बिरसा के आन्दोलन में बिरसा के अलावा उनके बाद कोई और भी नायक था? क्या छोटानागपुर में हुए सबसे व्यापक और प्रभावशाली विद्रोह में अन्य लोगों ने भी नायक की भूमिका अदा की? मैं जानना चाहता था कि क्या उन नायकों को इतिहास के पन्नों में जगह मिल सकी? इस जिज्ञासा ने मुझे झारखंड के अचर्चित रहे नायकों पर शोध के लिए प्रेरित किया।

हाथीराम मुंडा और हाड़ी मुंडा उन अनगिनत नामों में से हैं, जो इतिहास के पन्नों में अंकित होने के हकदार तो हैं, लेकिन भारतीय स्वतंत्रता संग्राम में आदिवासी योगदान को तिरस्कृत किये जाने के कारण वे कभी सामने नहीं आ पाए। सीमित शोध और एकतरफा लेखन के कारण झारखंड की धरती पर हुए आन्दोलन और उनमें शहीद हुए आदिवासी नायक आजादी के अमृत महोत्सव तक भी गुमनाम ही रहे।

यह दिलचस्प है कि हाथीराम मुंडा और हाड़ी मुंडा के वंशज, ग्रामीण और आसपास के लोगों के बीच दोनों की शहादत के किस्से प्रचलित हैं। डोम्बारी बुरु पहाड़ी के नीचे पत्थलगड़ी में उनके नाम अंकित हैं। यहाँ तक कि उसी स्थान पर हर साल सांस्कृतिक आयोजन होता है। इसके बावजूद उन नामों या उनकी शहादत को इतिहास के पन्नों में स्थान नहीं मिल सका। दूसरी तरफ बंगाल राज्य अभिलेखागार और राष्ट्रीय अभिलेखागार दिल्ली में भी दोनों अचर्चित नायकों के उल्लेख मिलते हैं।

हैरानी की बात यह भी है कि उनकी शहादत 1900 ई. में हुई है, यह आजादी के महज 47 साल पहले की घटना है। फिर भी अंग्रेजी हुकूमत के विरुद्ध क्रान्ति में एक व्यक्ति के जिन्दा दफन किये जाने जितनी बड़ी घटना कभी मुख्यधारा के प्रकाश में न आ सकी। 100 सालों बाद तक यह वाकया इतिहास और इतिहासकारों की नजर से दूर रहा।

हाथीराम मुंडा और हाड़ी मुंडा पर लगभग 6 महीने के शोध के बाद कई और भी नाम सामने आए, जिनका जिक्र अध्याय में कई स्थानों पर किया गया है। खूँटी और आसपास के जंगलों में रहनेवाले मुंडाओं ने 'अपनी धरती पर अपना राज' के नारे के साथ 'उलगुलान' की शुरुआत की थी। शोध के दौरान और रिपोर्ट लिखने के क्रम में उन नारों की प्रतिध्वनियाँ मेरे कानों में गूँजती रहीं। इतिहास के झरोखों में अपने अस्तित्व का सशक्त प्रतिबिम्ब किसे स्वाभिमान से नहीं भर देगा!

प्रारम्भिक जीवन

हाथीराम मुंडा और हाड़ी मुंडा का जन्म खूँटी जिले के मुरहू प्रखंड के गुटुहातू गाँव में क्रमशः 1876 और 1878 ई. में हुआ था। दोनों रिश्ते में चचेरे भाई थे। हाथीराम के पिता का नाम पिता मंगन मुंडा और हाड़ी के पिता का नाम सान्दिर मुंडा था। दोनों के पिता पेशे से किसान थे और खेती कर अपने परिवार का भरण-पोषण करते थे। हाथीराम मुंडा हाड़ी मुंडा से लगभग डेढ़ साल बड़े थे। गरीबी और असुविधाओं के कारण दोनों ने दूसरी कक्षा तक की ही पढ़ाई पूरी की और पिता के साथ खेती में लग गए।[1]

हाथीराम मुंडा और हाड़ी मुंडा ने बचपन से ही अपने आसपास अंग्रेजों व जमींदारों द्वारा आदिवासियों का शोषण देखा था। अपनी आँखों के सामने वे लोगों की जमीन को छिनते देख रहे थे। उनके वंशज बताते हैं कि आम आदिवासियों की तरह वे भी शोषण और दमन का शिकार थे। दोनों भाई जब तक युवावस्था में आए, बिरसा का आन्दोलन शुरू हो चुका था। जब बिरसा मुंडा ने 1895 में 'उलगुलान' का नारा दिया, तो हाथीराम और हाड़ी मुंडा खुद को इससे अलग न रख सके। आन्दोलन से उनका जुड़ाव 1895 से ही हो गया था, लेकिन 1896 में दोनों भाइयों ने सक्रिय रूप से विद्रोह में भाग लिया और बिरसा के सहयोगी हो गए।

बिरसा से दोनों भाइयों की पहली मुलाकात अयूबहातू में हुई थी, जो कि गुटुहातू से पाँच किलोमीटर दूर है। अयूबहातू बिरसा मुंडा के मामा का घर बताया जाता है। उलगुलान के शुरू होने से पहले ही एक बार जब बिरसा अयूबहातू में एक सभा को सम्बोधित कर रहे थे, तब हाथीराम और हाड़ी ने उन्हें सुना था। इसके बाद तीनों में बातचीत भी हुई थी और दोनों भाई बिरसा के विचारों से बेहद प्रभावित हुए थे। बाद में 1896 में वे बिरसा के साथ आन्दोलन में कूद पड़े।[2]

क्षेत्र और आन्दोलन

19वीं शताब्दी के उत्तरार्ध में छोटानागपुर का क्षेत्र भारी असन्तोष से गुजर रहा था। 1757 में प्लासी और 1764 में बक्सर की लड़ाई में नवाबों की हार के बाद मुगल बादशाह शाह आलम द्वितीय ने 1765 में बंगाल की दीवानी ईस्ट इंडिया कम्पनी को सौंप दी थी। इस तरह कम्पनी शासन को बंगाल के क्षेत्र में कर वसूलने और शासन का अधिकार मिल गया था। 1792 के बाद जमींदारी व्यावस्था के तहत कम्पनी शासन में आदिवासियों का शोषण बढ़ा, साथ ही आदिवासी जमीनों पर जमींदारों का हस्तक्षेप शुरू हो गया।

अंग्रेजों ने शासन व्यवस्था को सुचारु रूप से चलाने के लिए हर 12,500 वर्ग किलोमीटर के क्षेत्र पर एक अंग्रेज अफसर जिला प्रभारी के रूप में नियुक्त किया।

इन प्रभारियों के नीचे गैर-आदिवासी प्रबन्धक की भूमिका में थे।[3] इन प्रबन्धकों की नजरें आदिवासी जमीनों पर थीं। 19वीं सदी की शुरुआत में अंग्रेजों ने जब जमींदारी व्यवस्था लागू की, तो इसका सीधा प्रभाव आदिवासियों की परम्परागत भूमि व्यवस्था पर पड़ा। जमींदारों के प्रभाव में कम्पनी शासन में कर वसूली का ऐसा जाल बिछा, कि मुंडा और उराँव अपनी ही जमीनों से बेदखल होने लगे। न्यायिक प्रक्रिया में भी उनके साथ अन्याय ही हुआ, क्योंकि उनकी भाषा न तो अंग्रेजी थी और न ही हिन्दी। कोर्ट के सामने बड़ी आसानी से जमींदार और उनके वकील आदिवासियों के खिलाफ फैसला करवा लेते थे।[4]

ब्रिटिश राज से पहले भी छोटानागपुर के राजा द्वारा अपने सगे-सम्बन्धियों को जमीनें दी जाती थीं। उस दौरान भी आदिवासियों का शोषण हो रहा था, लेकिन अंग्रेजी शासन व्यवस्था के हस्तक्षेप के बाद उनके पास कोई जमीन नहीं बची। इधर व्यक्तिगत रूप से लगाए गए लगान के अलावा जमीन जोतने के लिए भी कई शर्तें लागू की गईं।[5]

लेकिन छोटानागपुर में अंग्रेजों के खिलाफ आन्दोलन की एकमात्र वजह जमीन नहीं थी। दूसरी बड़ी वजह थी आदिवासियों की परम्परागत शासन व्यवस्था, संस्कृति और उनकी जीवन-शैली में बाहरी दखल। आदिवासी अपनी संस्कृति और परम्पराओं को लेकर अति संवेदनशील रहे हैं। उन्हें अपनी संस्कृति-परम्परा में किसी तरह का बाहरी हस्तक्षेप पसन्द नहीं है। लेकिन अंग्रेजी काल में आदिवासियों पर मिशनरियों का प्रभाव पड़ा और बड़ी संख्या में धर्मान्तरण होने लगे। यह पहली बार था जब मुंडा किसी धर्म के गहरे प्रभाव में आए थे; जबकि मुंडा सिंगबोंगा देवता को अपना सर्वोच्च ईश्वर मानते थे, वे प्रकृति पूजक थे। इन तात्कालिक वजहों से छोटानागपुर के मुंडाओं ने अंग्रेजों के विरुद्ध आन्दोलन छेड़ दिया।

छीनी हुई जमीनों को वापस लेने के लिए 19वीं शताब्दी के मध्य से ही सरदारी आन्दोलन शुरू हो चुका था। लेकिन बिरसा के नेतृत्व में सशस्त्र क्रान्तिकारी विद्रोह 1895 में शुरू हुआ, जिसे हम 'बिरसा मुंडा का आन्दोलन' या 'उलगुलान' के नाम से जानते हैं। इस आन्दोलन का केन्द्र राँची से लगभग 40 किलोमीटर दूर स्थित खूँटी का क्षेत्र था। खूँटी जिला मुख्यालय से 19 किलोमीटर दूर डोम्बारी बुरु स्थित सईल रकाब पहाड़ से आन्दोलन की योजनाएँ और विद्रोह का स्वरूप तय होता था। चारों तरफ जंगल से घिरा यह पहाड़ कई मायनों में सुरक्षित था। यहाँ तक पहुँचना अंग्रेजी फौजों के लिए मुश्किल था। जंगलों के बीच से डोम्बारी बुरु तक का रास्ता सिर्फ स्थानीय लोगों को ही पता था। इसके अलावा ऊँचाई पर होने के कारण आसपास की हर गतिविधि पर आसानी से नजर रखी जा सकती थी। इसलिए मुंडाओं ने सईल रकाब को बैठकों और रणनीति तय करने के लिए चुना था। इसी पहाड़ से महज एक किलोमीटर दूर स्थित गुटुहातू गाँव भी इस आन्दोलन से परे नहीं था।

हाथीराम मुंडा और हाड़ी मुंडा इसी गाँव के रहनेवाले दो चचेरे भाई बिरसा के आन्दोलन में अंग्रेजों के खिलाफ लड़ते हुए शहीद हो गए थे।[6]

आन्दोलन में भूमिका

बिरसा का आन्दोलन तत्कालीन दक्षिण बंगाल में हुआ सबसे प्रभावी और व्यापक आन्दोलन था। हजारों की संख्या में मुंडा आदिवासी अपने नेता बिरसा के आह्वान पर क्रान्ति का रास्ता अपना चुके थे। इस आन्दोलन का शीर्ष नेतृत्व बिरसा के हाथों में था और अन्य कई लोग आन्दोलन की रणनीति तय करने और लोगों को एकजुट करने में बिरसा का साथ निभा रहे थे। विशेषकर खूँटी क्षेत्र में **हाथीराम मुंडा** (गुटुहातू), **हाड़ी मुंडा** (गुटुहातू), **देमका मुंडा** (बारी मौजा), **पनाउ मुंडा** (कटिंग केल), **सुन्दर मुंडा** (मनिबेरा), **त्रिपरू मुंडा** (रुई टोला), **जोहान मुंडा** (बुरजा), **दुखन सवांसी** (गोवा) और **रिसा मुंडा** आदि प्रमुख भूमिका में थे। इन्हें बिरसा ने कई महत्त्वपूर्ण जिम्मेवारियाँ दी थी।[7]

उलगुलान केवल खूँटी तक ही सीमित नहीं था। राँची, चक्रधरपुर, बुंडु, तमाड़, कर्रा, तोरपा, बसिया, सिसई आदि क्षेत्रों में बाकायदा ट्रेनिंग सेंटर चल रहे थे। इन केन्द्रों में बैठकें होती थीं, लोगों को एकजुट किया जाता था।[8] और यह सम्भव हुआ था बिरसा के सहयोगियों के माध्यम से। 1895 में बिरसा के पहली बार गिरफ्तार होने से पहले हाथीराम मुंडा और हाड़ी मुंडा आन्दोलन से जुड़ चुके थे। 1897 में बिरसा के जेल से बाहर आने के बाद क्रान्तिकारी आन्दोलन शुरू हुआ, जिसमें दोनों भाइयों, हाथीराम और हाड़ी मुंडा ने अहम भूमिका निभाई।

अन्य लोगों की ही तरह हाथीराम और हाड़ी मुंडा की युद्ध नीति भी पारम्परिक हथियारों पर आधारित थी। दोनों भाई तीर, कुल्हाड़ी, तलवार आदि चलाने में पारंगत थे। उनका तरीका क्रान्तिकारी था।[9] 1899 के दिसम्बर महीने तक बिरसा का आन्दोलन और भी उग्र हो चुका था। अंग्रेजी अधिकारियों, सैनिकों और उनके ठिकानों पर हमले होने लगे थे। कई स्थानों पर आगजनी और हत्या जैसी वारदात भी होने लगी। 7 जनवरी, 1900 को लगभग 300 मुंडाओं ने खूँटी थाने पर आक्रमण कर दिया। इसमें हाथीराम और हाड़ी भी शामिल थे। इस दिन मुंडाओं ने एक हवलदार, चार चौकीदार, एक यूरोपीय ठेकेदार और एक नौकर की हत्या कर दी थी। इस घटना की सूचना कमिश्नर ए. फोर्ब्स तक पहुँची, जिसके बाद अंग्रेजों ने 300 सैनिकों के साथ मुंडाओं को पकड़ने की योजना बनाई और 9 जनवरी को सईल रकाब पहाड़ पर भीषण युद्ध हुआ।[10]

शहादत

9 जनवरी, 1900 को सईल रकाब पहाड़ पर मुंडाओं ने एक विशाल सभा का आयोजन किया था। सभा में बिरसा मुंडा के होने का भी दावा किया जाता है। बिरसा के अलावा वहाँ **हाथीराम मुंडा,** उनके चचेरे भाई **हाड़ी मुंडा, बंकन मुंडा, बंकन मुंडा की पत्नी, मझिया मुंडा** और **मझिया मुंडा की पत्नी** सहित लगभग 200 लोग इकट्ठा हुए थे।[11] इस बैठक का उद्देश्य अंग्रेजों के खिलाफ विद्रोह की रणनीति पर चर्चा करना था। ज्ञात रहे कि इस प्रकार की बैठकें 1897 में बिरसा मुंडा की रिहाई के बाद लगातार होने लगी थीं। दिसम्बर, 1899 से सईल रकाब पर बैठक-जैसी गतिविधियाँ बढ़ गई थीं। इसकी एक बड़ी वजह थी सईल रकाब की भौगोलिक स्थिति। सईल रकाब जंगल के बीच बसा एक दुर्गम स्थल था, जहाँ पहुँचना बाहरी लोगों के लिए मुश्किल था। यदि कोई पहाड़ तक पहुँच भी जाए, तो ऊँचाई पर होने के कारण मुंडा उन्हें आसानी से देख सकते थे।

इधर सईल रकाब पर मुंडाओं की बैठक चल रही थी, उधर अंग्रेजी पुलिस बिरसा के लड़ाकों को ढूँढ़ रही थी। 7 जनवरी की दोपहर मुंडाओं द्वारा खूँटी थाने के एक हवलदार, चार चौकीदार, एक यूरोपीय ठेकेदार और उसके नौकर की हत्या की घटना के बाद 8 जनवरी को कमिश्नर ए. फोर्ब्स 20 सैनिकों के साथ राँची से खूँटी के लिए रवाना हुए। उनके बाद कर्नल वेस्टमोरलैंड भी 150 सैनिकों की टुकड़ी लेकर खूँटी पहुँचे। 9 जनवरी को साइको से तीन मील की दूरी पर स्थित सईल रकाब पहाड़ पर 200 मुंडाओं के होने की जानकारी अंग्रेजी अफसरों को हो चुकी थी। राँची डिवीजन के सी.एस.आई. कमिश्नर ए. फोर्ब्स, डिप्टी कमिश्नर स्ट्रीटफील्ड और कैप्टन रोशे लगभग 300 सैनिकों के साथ सईल रकाब पहाड़ पर गए। उन्होंने देखा कि लगभग 200 मुंडा पहाड़ के ऊपर बैठक कर रहे हैं। वे सभी अपने साथ बर्तन और खाना पकाने का सामान आदि लेकर गए थे। कमिश्नर ए. फोर्ब्स द्वारा सरकार को सौंपी गई रिपोर्ट के अनुसार उन्होंने पहले मुंडाओं से वार्ता करने की कोशिश की। वे लिखते हैं कि स्ट्रीटफील्ड ने मुंडारी भाषा में उन लोगों से बात की।[12]

लेकिन बिरसा ने उन्हें कह रखा था कि अंग्रेजों की गोलियाँ उन्हें छू भी नहीं पाएँगी और इसलिए वे निडर होकर डटे रहे। तत्कालीन कमिश्नर ए. फोर्ब्स लिखते हैं कि लगभग 1 घंटे की बातचीत के बाद भी जब वे नहीं माने तो मजबूरन सैनिकों को गोली चलाने का आदेश देना पड़ा।

सईल रकाब पर हाथीराम मुंडा और हाड़ी मुंडा मोर्चे के साथ डटे हुए थे। डिप्टी कमिश्नर स्ट्रीटफील्ड के साथ वार्ता में अन्य मुंडाओं के साथ हाथीराम भी शामिल थे।[13] जब मुंडाओं ने सरेंडर करने से मना कर दिया और सैनिकों ने गोलियाँ चलानी शुरू कीं, तो मुंडाओं ने अपनी तरफ से तीर और पत्थर चलाने शुरू किये।

ब्रिटिश सरकार की रिपोर्ट में किसी भी सैनिक के मारे जाने की सूचना नहीं मिलती, लेकिन गुटुहातू के लोगों का कहना है कि कुल्हाड़ी और तीर के प्रहार से कई सैनिक गम्भीर रूप से घायल हुए थे। इसी युद्ध के प्रकरण में हाड़ी मुंडा को भी गोली लगी। बिरसा के कथनानुसार मुंडाओं को अंग्रेजों की गोलियाँ छू भी नहीं सकती थीं लेकिन ऐसा नहीं हुआ और मुंडा अंग्रेजी गोली से घायल होने लगे। आन्दोलनकारी अंग्रेजों के आधुनिक हथियार का सामना करने में असफल रहे और इसलिए वे जंगल की ओर चले गए। उन्होंने देखा कि कई लोग अंग्रेजों की गोलियों से घायल हो गए हैं। हाड़ी मुंडा को हाथीराम मुंडा ने अपने कन्धे पर उठाया और जंगल की तरफ भागे। इसी क्रम में हाड़ी मुंडा ने प्राण त्याग दिये और हाथीराम को अंग्रेजों ने पकड़ लिया।

जिन्दा दफन

पहाड़ी से भागने के क्रम में अंग्रेजों की गोलियों के शिकार कई लोगों ने जंगल में प्राण त्याग दिये थे। सभी की लाशों को सैनिकों ने ढूँढ़ा और उन्हें एक जगह जमा किया। लाशों की गिनती की गई, जो सरकारी रिपोर्ट में 12 बताई जाती है। हालाँकि उन्हीं रिपोर्ट में यह आँकड़ा झूठा होने की भी आशंका जताई गई है। बिहार सरकार द्वारा 1957 में प्रकाशित किताब *हिस्ट्री ऑफ द फ्रीडम मूवमेंट इन बिहार* में के.के. दत्त लिखते हैं कि सईल रकाब पर अंग्रेजी गोलियों से मरने वालों की संख्या 200 के करीब थी। मृतकों को दफनाने के लिए गुटुहातू गाँव में ही बड़ा सा गड्ढा तैयार किया गया। सभी मृतकों को गड्ढे में दफन किया गया। इसी दौरान हाथीराम मुंडा को भी एक गड्ढे में दफन कर दिया गया। हाथीराम मुंडा के वंशजों ने बताया कि वे जीवित थे। लेकिन अंग्रेजों को इतना आक्रोश था कि उन्हें दफन कर दिया गया। के.के. दत्त के मुताबिक 9 जनवरी, 1900 को मृत लोगों के साथ दो जिन्दा लोगों को भी दफना दिया गया था। इनके नाम हाथीराम मुंडा और सिंगराई मुंडा थे।[14]

आन्दोलन का प्रभाव

बिरसा के आन्दोलन का फलक केवल लड़ाई तक ही सीमित नहीं था। यह आन्दोलन छोटानागपुर क्षेत्र और मुंडा जनजीवन में आमूलचूल परिवर्तन लाया। क्रान्तिकारी आन्दोलन से पहले बिरसा ने मुंडा समाज-सुधार के लिए प्रयास किये। उन्होंने आदिवासी जनजीवन से मांस, शराब आदि को दूर करने का सन्देश दिया। एकेश्वरवाद को लेकर भी उन्होंने उपदेश दिये। आम तौर पर समाज में व्याप्त

विसंगतियों पर बिरसा ने सीधा प्रहार किया और फिर उलगुलान का नारा दिया। इस आन्दोलन के फलस्वरूप आदिवासियों में स्वराज की भावना और प्रबल तो हुई ही, उनकी जीवन-शैली भी बदली।

आदिवासी जमीनों के संरक्षण को लेकर 5 सालों तक चला क्रान्तिकारी संघर्ष बिरसा मुंडा, गया मुंडा, हाथीराम मुंडा, हाड़ी मुंडा सहित अन्य सैकड़ों लोगों की शहादत के साथ खत्म हो गया, लेकिन इस आन्दोलन के प्रभावस्वरूप अंग्रेजी हुकूमत ने कई महत्त्वपूर्ण शासकीय परिवर्तन किये। 1908 में आदिवासियों की जमीनों के अवैध हस्तान्तरण को रोकने के उद्देश्य से सीएनटी एक्ट (छोटानागपुर काश्तकारी अधिनियम) लागू किया गया। यह अधिनियम आज भी झारखंड में आदिवासी जमीनों का सुरक्षा कवज बना हुआ है।

मुंडा समाज पर हाथीराम मुंडा या हाड़ी मुंडा के व्यक्तिगत प्रभाव की विवेचना सम्भव नहीं है, क्योंकि आन्दोलन किसी एक व्यक्ति का नहीं होता। लेकिन बिरसा के आन्दोलन में महती भूमिका में रहे लोगों का योगदान सामाजिक बदलाव में उतना ही माना जाना चाहिए, जितना कि आन्दोलन के नेतृत्वकर्ता का। ऐसे में यह कहना गलत नहीं होगा कि मुंडा समाज के उत्थान में भी हाथीराम मुंडा और हाड़ी मुंडा का अहम योगदान रहा।

उपसंहार

भारतीय स्वतंत्रता संग्राम के इतिहास में किसी को जिन्दा दफन करने का हाथीराम मुंडा के अलावा अन्य कोई भी उदाहरण प्रकाश में नहीं है। उनके साथ उनके चचेरे भाई हाड़ी मुंडा भी शहीद हुए थे। हाथीराम मुंडा को जिन्दा दफनाने, हाड़ी मुंडा को गोली लगने या किसी भी शहीद की शहादत अथवा उनके नाम का कोई विवरण अंग्रेजों की रिपोर्ट में नहीं मिलता। लेकिन डोम्बारी बुरु (सईल रकाब) के नीचे पत्थलगड़ी में 6 शहीदों के नाम अंकित हैं। इनमें **हाथीराम मुंडा, हाड़ी मुंडा, सिंगराय मुंडा, मझिया मुंडा की पत्नी, बंकन मुंडा की पत्नी** और **डुंगडुंग मुंडा की पत्नी** आदि नाम शामिल हैं। इनके वंशजों के पास भी दोनों की शहादत को लेकर कई जानकारियाँ हैं। इसके अलावा भी हाथीराम मुंडा और हाड़ी मुंडा का जिक्र कई दस्तावेजों में आता है, केवल उनकी शहादत का विवरण नदारद है।

अंग्रेजी दस्तावेजों में हाथीराम के जिन्दा दफन होने के साक्ष्य नहीं होने के सवाल का सम्भावित जवाब कमिश्नर ए. फोर्ब्स की रिपोर्ट पर बैठी इनक्वायरी से मिलता है। ए. फोर्ब्स ने अपनी रिपोर्ट में कई बातें छुपाने का प्रयास किया था, जिसके बाद लॉर्ड कर्जन ने भी इस पूरे घटनाक्रम पर मिलिट्री इनक्वायरी को मंजूरी दी थी।[15] फोर्ब्स ने जहाँ 12 लोगों की मौत का जिक्र किया था, 1950 के दशक

में पटना विश्वविद्यालय में इतिहास के प्रोफेसर के.के. दत्त 200 लोगों की मौत की बात कहते हैं। लगभग इतनी ही संख्या का जिक्र गुटुहातू के ग्रामीण भी करते हैं। ऐसे में सम्भव है कि फोर्ब्स ने अपनी रिपोर्ट में शहादत की कई महत्त्वपूर्ण जानकारियाँ छुपा ली हों।

सईल रकाब पर अंग्रेजी गोलियों से हुई हत्याओं में महिलाएँ और बच्चे भी शामिल थे।[16] तीन महिलाओं समेत एक बच्चे का जिक्र तो खुद कमिश्नर ए. फोर्ब्स ने अपनी रिपोर्ट में भी किया है। 'महिलाओं पर गोलियाँ क्यों चलाई गई?' के जवाब में फोर्ब्स ने लिखा था कि उन्हें या उनके किसी सहयोगी को कोई अन्दाजा नहीं था कि पहाड़ पर महिलाएँ और बच्चे भी होंगे। इसके अलावा मुंडा पुरुषों और महिलाओं के पोशाक एक जैसे थे और दोनों के बाल बड़े थे। दूर से देखने पर अंग्रेज अधिकारी यह नहीं समझ पाए कि वहाँ महिलाएँ भी हैं। लेकिन फोर्ब्स ने लिखा है कि वे अपने साथ बर्तन और खाने-पीने का सामान लेकर गए थे। ऐसे में फोर्ब्स की लिखी लगभग हर बात पर सन्देह होता है और पूरे प्रकरण पर उनकी रिपोर्ट कम्पनी सरकार की आँखों में धूल झोंकने का प्रयास लगती है। अक्षरश: यही बात फोर्ब्स की रिपोर्ट के जवाब में सरकारी रिपोर्ट में कही गई थी। सम्भवत: इसलिए हाथीराम मुंडा या हाड़ी मुंडा सहित अन्य की शहादत को लेकर स्पष्ट विवरण अभिलेखों में नहीं मिलता है। लेकिन आदिवासियों की मौखिक परम्परा में सईल रकाब के शहीदों के किस्से जीवित हैं। कालान्तर में यही नाम पत्थलगड़ी में भी अंकित हुए।

देश की आजादी तक भी आदिवासी-लेखन परम्परा से जुड़े नहीं थे। इस कारण आदिवासी आन्दोलनों के बारे में जो भी जानकारियाँ उपलब्ध हैं, उनमें आदिवासी परिप्रेक्ष्य बिलकुल नहीं है। ये जानकारियाँ बाद में दस्तावेजों के आधार पर अंग्रेजों द्वारा पक्षपाती रवैये के साथ हीन भावना से प्रस्तुत की गई हैं, जिन्होंने चुआड़, कोल जैसे नामों से इन्हें सम्बोधित किया। केवल इन्हीं दस्तावेजों के आधार पर लिखा गया इतिहास एकतरफा और अधूरा है। उन्हीं वजहों से धरती आबा भगवान बिरसा मुंडा को भी 1960 के दशक में राष्ट्रीय स्तर पर स्वीकार्यता मिल सकी, जब आदिवासी पांडुलिपि और लोक-कथाओं में बिरसा के व्यक्तित्व को जानने की कोशिश होने लगी। निश्चित तौर पर आदिवासी आन्दोलनों के इतिहास में आदिवासी परिप्रेक्ष्य आवश्यक है। जो कहानियाँ शहीदों के वंशजों और ग्रामीणों की स्मृतियों, लोक-कथाओं, गीतों आदि में हैं, उन्हें भी लिखित इतिहास में स्थान देना होगा। ऐसा न करके हम आज भी झारखंड की ऐतिहासिक घटनाओं को औपनिवेशिक नजरिये से ही देख रहे होंगे।

बिरसा के आन्दोलन में शहीद अन्य अचर्चित नायक

सिंघराय मुंडा : सिंघराय मुंडा ने बिरसा मुंडा के आन्दोलन में सक्रिय भूमिका निभाई थी। ये बिरसा मुंडा के मुख्य सहयोगियों में से एक थे। इनका जन्म खूँटी जिले के मुरहू प्रखंड अन्तर्गत बरटोली गाँव में हुई थी। बिरसा के आन्दोलन से इनका जुड़ाव 1895 में ही हो गया था। 9 जनवरी, 1900 के दिन वे भी सईल रकाब पहाड़ी पर उपस्थित थे। बिरसा मुंडा के बाद इन्होंने भी सभा को सम्बोधित किया था। इन्होंने कहा था, "बस बहुत हुआ, अब हम कम्पनी राज का सिस्टम खत्म कर देंगे"। लेकिन उसी दिन अंग्रेजों और मुंडाओं के बीच हुए मुठभेड़ में इन्हें भी गोली लगी थी और ये शहीद हो गए थे।

सईल रकाब पहाड़ के पास हुए पत्थलगड़ी में सिंघराय मुंडा का नाम दर्ज है। हर साल 9 जनवरी को डोम्बारी में लगनेवाले मेले में इन्हें भी वीर शहीद के रूप में याद किया जाता है और इन्हें श्रद्धांजलि दी जाती है।

सांडे मुंडा : सांडे मुंडा बिरसा मुंडा के आन्दोलन में शामिल लड़ाके थे। इनका जन्म राँची जिले के तमाड़ प्रखंड के पास जनुमपिरी गाँव में हुआ था। बिरसा के आन्दोलन से इनका जुड़ाव 1895 ई. को हुआ था। 9 जनवरी, 1900 में सईल रकाब पहाड़ पर अंग्रेजों द्वारा हुई गोलीबारी में सांडे मुंडा जख्मी हो गए थे, बाद में इनकी मृत्यु हो गई थी।

धेरेया मुंडा : धेरेया मुंडा बिरसा मुंडा के आन्दोलन से जुड़े हुए थे। इनका जन्म चक्रधरपुर में हुआ था। कुछ जगहों पर जन्मस्थान राँची जिले का डेमखानेल गाँव भी लिखा है। बिरसा के आन्दोलन से इनका जुड़ाव 1895 में हुआ था। 9 जनवरी, 1900 को सईल रकाब पहाड़ पर अंग्रेजों और मुंडाओं के बीच मुठभेड़ के बाद इन्हें गिरफ्तार कर लिया गया था, बाद में जेल में उनकी मृत्यु हो गई।

मानदेव मुंडा : मानदेव मुंडा बिरसा मुंडा के आन्दोलन से जुड़े हुए थे। वे 1895 से बिरसा के साथ थे। मानदेव मुंडा का जन्म खूँटी जिले के तोरपा प्रखंड के लोहाजमी गाँव में हुआ था। चाईबासा जिले के चक्रधरपुर थाने के दारोगा के कत्ल के जुर्म में मानदेव मुंडा को गिरफ्तार कर जेल भेज दिया गया था। बाद में जेल में ही इनकी मृत्यु हो गई थी। कुछ दस्तावेज इस बात की पुष्टि करते हैं कि 9 जनवरी, 1900 को वे सईल रकाब पहाड़ पर उपस्थित थे। उन्होंने मुंडाओं को सम्बोधित भी किया था। लेकिन सम्भवत: उसी दिन वे गिरफ्तार हुए और बाद में जेल में इनकी मृत्यु हो गई।

नरसिंह मुंडा : नरसिंह मुंडा बिरसा मुंडा के आन्दोलन से जुड़े हुए थे। इनका जन्म राँची जिले के तमाड़ प्रखंड के जनुमपिरी गाँव में हुआ था। आन्दोलन से इनका जुड़ाव 1895 में हुआ था। 9 जनवरी, 1900 को सईल रकाब पहाड़ पर अंग्रेजों की गोलियों का शिकार होकर जख्मी हो गए थे, बाद में मृत्यु हो गई।

सुखराम मुंडा : सुखराम मुंडा बिरसा के आन्दोलन से जुड़े हुए थे। इनका जन्म प. सिंहभूम जिले के चक्रधरपुर में हुआ था। बिरसा के आन्दोलन से इनका जुड़ाव 1899 में हुआ था। इसके एक साल बाद 9 जनवरी, 1900 को वे सईल रकाब पहाड़ से गिरफ्तार हुए। चक्रधरपुर के दारोगा की हत्या के आरोप में इन्हें जेल भेजा गया, बाद में जेल में ही इनकी मृत्यु हो गई।

बंकन मुंडा की पत्नी : बंकन मुंडा की पत्नी अपने पति के साथ बिरसा के आन्दोलन से जुड़ी हुई थीं। इनका जन्म खूँटी जिला के मुरहू प्रखंड के जिउरी गाँव में हुआ था। आन्दोलन से इनका जुड़ाव 1895 में हुआ, जिसके बाद वे लगातार विद्रोह में सक्रिय रहीं। 9 जनवरी, 1900 को सईल रकाब पहाड़ पर वे अपने पति के साथ थीं, जहाँ अंग्रेजी गोली का शिकार हो गईं। पहाड़ पर ही उनकी मौत हो गई। सईल रकाब पहाड़ के पास हुए पत्थलगड़ी में भी इनका नाम लिखा है। हर साल 9 जनवरी को वहाँ लगनेवाले मेले में स्थानीय लोग इन्हें याद करते हैं।

डुंगडुंग मुंडा की पत्नी : डुंगडुंग मुंडा की पत्नी अपने पति के साथ बिरसा के आन्दोलन से जुड़ी हुई थीं। इनका जन्म खूँटी जिला के मुरहू प्रखंड के अन्तर्गत जिउरी गाँव में हुआ था। बिरसा के आन्दोलन से प्रभावित होकर ये 1895 में आन्दोलन से जुड़ीं और 9 जनवरी, 1900 को सईल रकाब पहाड़ पर अंग्रेजी गोली से शहीद हो गईं। पहाड़ी के नीचे स्थापित पत्थलगड़ी में इनका भी नाम लिखा है। अन्य शहीदों के साथ इन्हें भी हर साल 9 जनवरी को श्रद्धांजलि दी जाती है।

मंगरा भगत : मंगरा भगत महात्मा गांधी के साथ 'भारत छोड़ो आन्दोलन' में शरीक हुए थे। इनका जन्म लोहरदगा जिला अन्तर्गत कुड़ू प्रखंड के हुद्दू गाँव में हुआ था। मंगरा भगत के पिता का नाम मुरहा भगत था, जो पेशे से किसान थे। मंगरा भगत भी पिता के साथ किसानी किया करते थे। बाद में गांधी के विचारों से प्रभावित होकर वे अंग्रेजों के खिलाफ आन्दोलन में शामिल हुए और 15 सितम्बर, 1942 को गिरफ्तार कर लिये गए। बाद में 20 अप्रैल, 1943 को पटना कैम्प जेल में इनकी मृत्यु हो गई।

थिरगा भगत : थिरगा भगत महात्मा गांधी के 'भारत छोड़ो आन्दोलन' से जुड़े हुए थे। इनका जन्म राँची जिला के मांडर प्रखंड के बियसी गाँव में हुआ था। इनके पिता का नाम धामुया भगत था, वे पेशे से किसान थे। 1942 में उन्होंने भारत छोड़ो आन्दोलन में भाग लिया और उसी साल गिरफ्तार हो गए, बाद में जेल में इनकी मृत्यु हो गई।

सन्दर्भ

1. महेन्द्र मुंडा, वंशज, हाथीराम मुंडा से साक्षात्कार के आधार पर
2. कमल मुंडा, वंशज, हाड़ी मुंडा से साक्षात्कार के आधार पर
3. कुमार सुरेश सिंह, *बिरसा मुंडा और उनका आन्दोलन*, 2019, वाणी प्रकाशन
4. वही
5. कुमार सुरेश सिंह, *बिरसा मुंडा और उनका आन्दोलन*, 2019, वाणी प्रकाशन
6. *बंगाल एडमिनिस्ट्रेटिव रिपोर्ट : 1899-1900*
7. के.के. दत्त, *हिस्ट्री ऑफ फ्रीडम मूवमेंट इन बिहार*, 1957, बिहार सरकार
8. वही
9. विशु, ग्रामीण, गुटुहातू से साक्षात्कार के आधार पर
10. के.के. दत्त, *हिस्ट्री ऑफ फ्रीडम मूवमेंट इन बिहार*, 1957, बिहार सरकार
11. डोम्बारी बुरु स्थित पत्थलगड़ी पर अंकित नामों के आधार पर
12. सी.डब्ल्यू. बोल्टन द्वारा हिवेट को पत्र, 10 जनवरी, 1900, राष्ट्रीय अभिलेखागार, दिल्ली
13. महेन्द्र मुंडा, वंशज, हाथीराम मुंडा, गुटुहातू से साक्षात्कार के आधार पर
14. के.के. दत्त, *हिस्ट्री ऑफ फ्रीडम मूवमेंट इन बिहार*, 1957, बिहार सरकार
15. हिवेट की अनुशंसा पर कर्जन की प्रतिक्रिया, 23-01-1900
16. फोर्ब्स टू बोल्टन, 10-09-1900

हाथीराम मुंडा की वंशावली

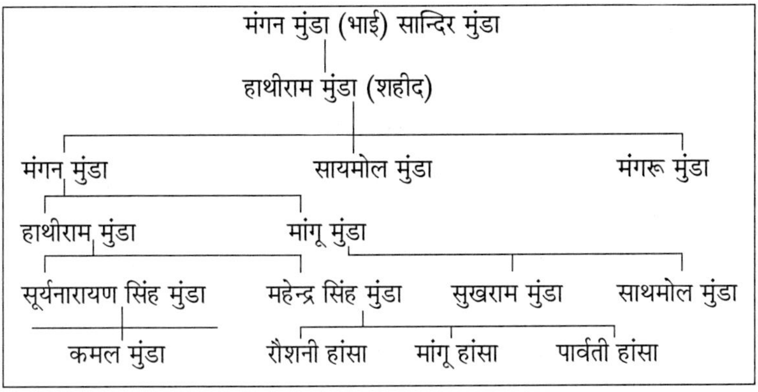

हाड़ी मुंडा की वंशावली

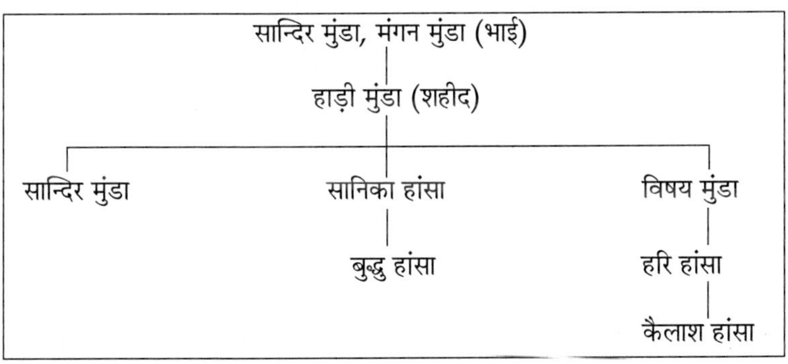

हाथीराम मुंडा का आवास, गुटुहातू

हाथी राम मुंडा को अंगरेजो ने जिंदा दफन कर दिया था

बिहार के पहले निजी विश्वविद्यालय में इसी सत्र से होगी पढ़ाई

हाथीराम मुंडा के सम्बन्ध में *प्रभात खबर* में प्रकाशित खबर

डोम्बारी बुरु में पत्थलगड़ी पर अंकित शहीदों के नाम

हाड़ी मुंडा का जर्जर आवास

सईल रकाब पहाड़ पर स्थित स्तूप

हाथीराम मुंडा के वंशज उनके पैतृक आवास के पास

हाड़ी मुंडा के वंशज कमल मुंडा

बिरसा मुंडा के आन्दोलन में अचर्चित नायिकाएँ

मार्गरेट तिग्गा

छोटानागपुर में अंग्रेजों के खिलाफ कई ऐसे विद्रोह हुए, जिसने बाहरियों ('दिकू') की नींद उड़ा रखी थी। बिरसा मुंडा का आन्दोलन इसका एक प्रमुख उदाहरण है। इस विद्रोह के कई ऐसे सेनानी रहे, जो आज तक अचर्चित ही हैं। इस आन्दोलन में मुंडा समाज की महिलाओं के बलिदान से हम अपरिचित नहीं रह सकते हैं। जो अपने नायक बिरसा मुंडा के साथ कदम-से-कदम मिलाकर जल, जंगल, जमीन की लड़ाई में बराबर की भागीदार रही हैं।

9 जनवरी, 1900 ई. को सईल रकाब पहाड़, जो कि खूँटी जिले के गुटुहातू गाँव में स्थित है, वहाँ अंग्रेजों एवं बिरसा समर्थकों के बीच झड़प हुई थी, जिसमें फायरिंग में जिउरी गाँव की तीन महिलाओं की गोली लगने से मृत्यु हो गई। इसमें मुख्यत: जिउरी गाँव की **मझिया मुंडा की पत्नी, बंकन मुंडा की पत्नी** एवं **डुंगडुंग मुंडा की पत्नी** वीरगति को प्राप्त हुईं।

इस लेखन के द्वारा इन अचर्चित नायिकाओं को विभिन्न स्रोतों (अभिलेखागार, पुस्तकों, लेखों एवं फील्ड सर्वे) के माध्यम से प्रमाणित करने का प्रयास करूँगी। ऐसे लेखन के द्वारा इन नायिकाओं को सम्मान एवं पहचान दिलाने में ही उनकी शहादत के साथ न्याय होगा।

परिचय

झारखंड में हुए सबसे संगठित और व्यापक जनजातीय आन्दोलनों में से एक बिरसा मुंडा का आन्दोलन था। इसे 'उलगुलान' के नाम से भी जाना जाता है। बिरसा मुंडा ने आह्वान किया था कि वे ईश्वर की आज्ञा से मुंडाओं को उनके अधिकार दिलाने और बाहरी शक्तियों से उन्हें आजाद करने के लिए अवतार के रूप में आए हैं। विद्रोह के नायक के रूप में हम बिरसा मुंडा को देखते हैं, जिनकी वाणी में एक ओज था, तत्कालीन व्यवस्था पर चोट करने की क्षमता थी। इससे प्रभावित होकर मुंडा समाज के लोग आन्दोलन में सम्मिलित हो गए थे।

बिरसा मुंडा ने जगह-जगह सभाएँ कीं और लोगों को उनके अधिकारों के प्रति जागरूक करने का प्रयास किया। बिरसा मुंडा को लोगों के द्वारा भगवान का दर्जा दिया जाने लगा। बिरसा ने लोगों को रूढ़िवादी कुरीतियों से दूर रहने की सलाह दी, जो लोगों के बीच प्रचलित भी हुआ।

प्रारम्भिक जीवन

मझिया मुंडा की पत्नी (नाम अज्ञात) का जन्म चाईबासा जिले के बाड़ु कुम्बे गाँव में 1884 ई. (लगभग) हुआ था। गरीब परिवार से होने के कारण वे पढ़-लिख नहीं सकीं। उनके पिता पेशे से किसान थे और वे घर पर अपनी माता का हाथ बँटाती थीं। बेहद कम उम्र में उनकी शादी मझिया मुंडा से कर दी गई। शादी के बाद वे वर्तमान में खूँटी जिले के मुरहू प्रखंड अन्तर्गत जिउरी गाँव अपने ससुराल आ गईं। शादी के लगभग एक साल बाद उन्होंने दो जुड़वा बच्चों को जन्म दिया, जिनमें से एक बेटी और एक बेटा था।

ससुराल में वे घर का काम करती थीं और खेती में भी अपने पति का हाथ बँटा कर जीवन-यापन करती थीं। जानकार बताते हैं कि उस दौरान महिलाओं को उनके पति के नाम से ही जाना जाता था। शादी के पहले यदि कोई नाम रहा भी हो, तो वह शादी के बाद गौण हो जाता था। इस कारण उनका वास्तविक नाम अज्ञात है।

विद्रोह की प्रेरणा

मझिया मुंडा की पत्नी घर-बार का काम करती थीं, लेकिन उन्हें अपने आसपास हो रही घटनाओं की जानकारी और अच्छी समझ भी थी। अंग्रेजों व बाहरियों के शोषण को देखकर वे भी व्याकुल थीं और इन सबसे निकलने का रास्ता ढूँढ़ रही थीं। इस बीच पति मझिया मुंडा से उनका वार्तालाप होता और वह भी अपनी पत्नी को आसपास हो रही घटनाओं और विद्रोहों की पूरी जानकारी दिया करते थे। बिरसा मुंडा के आन्दोलन की शुरुआत होते ही पति मझिया मुंडा आन्दोलन में शामिल हो गए। बाद में मझिया मुंडा की पत्नी भी अपने को शोषण के विरुद्ध खड़े होने से रोक न सकीं और अपने दोनों जुड़वा बच्चों के साथ ही विद्रोह में कूद पड़ीं। इसके बाद वे विद्रोहों की सभाओं में भी जाने लगीं। जिस भी इलाके में बिरसा की सभाएँ होती थीं, मझिया मुंडा की पत्नी भी उन सभाओं में अपने पति के साथ जाती और विद्रोह की रणनिति में भाग लेती थीं। ज्ञात हो कि बिरसा के आन्दोलन में महिलाओं की बड़ी भागीदारी रही। इसमें खुद बिरसा की पत्नी भी शामिल थी।

विद्रोह में भूमिका

मझिया मुंडा की पत्नी प्रखर रूप से विद्रोह में शामिल हुईं। उनकी भागीदारी दो रूपों में देखी जा सकती है। बिरसा की सभाओं में वे महिलाओं को सम्बोधित करती थीं। इससे महिलाएँ प्रेरित होती थीं, विद्रोह की रणनीति में वे बिरसा व बाकी लोगों को सलाह देती थीं और साथ ही महिलाओं को उनके अधिकार के प्रति जागरूक करती थीं। इन्होंने महिलाओं से रूढ़िवादी परम्परा को छोड़ने को कहा, जिसके फलस्वरूप अधिक संख्या में महिलाएँ विद्रोह में शामिल भी हुईं। दूसरी तरफ मझिया मुंडा की पत्नी अंग्रेजों के खिलाफ लड़ाई में भी बढ़-चढ़कर हिस्सा लेती थीं।

विद्रोह का दिन

9 जनवरी, 1900 को मझिया मुंडा अपनी पत्नी के साथ सईल रकाब पहाड़ पर मौजूद थे। मझिया मुंडा की पत्नी अपने दो जुड़वा बच्चों के साथ सईल रकाब गई थीं। उनमें से एक बेटी और दूसरा बेटा था। पहाड़ पर बैठक के दौरान अंग्रेज सैनिक पहुँच गए और कुछ देर की वार्ता के बाद गोलीबारी शुरू हो गई। मुंडाओं की तरफ से तीर चलने लगे। पहाड़ पर अफरातफरी का माहौल बन गया। कुछ लोग अपनी जान बचाने के लिए भाग रहे थे, कुछ अंग्रेजों पर तीर बरसा रहे थे या कुल्हाड़ी से प्रहार कर रहे थे। इस बीच मझिया मुंडा अपनी पत्नी से अलग हो गए, उनकी पत्नी अपने दोनों बच्चों के साथ पहाड़ पर अंग्रेजों की गोलियों के बीच फँस गईं। बच्चों की जान बचाने की कोशिश में उन्हें अंग्रेजी सैनिकों की गोलियाँ लगीं और वे शहीद हो गईं। दोनों बच्चों के बारे में मझिया मुंडा के वंशज बताते हैं कि उनमें से एक को अंग्रेज अपने साथ ले गए, बेटी अपने पिता मझिया मुंडा के साथ रही।

महिलाओं की हत्या पर सफाई देते हुए बाद में ब्रिटिश अधिकारियों की तरफ से स्पष्टीकरण आया था कि उन्हें इस बात का अन्दाजा नहीं था कि वहाँ महिलाएँ और बच्चे भी हो सकते हैं। दूसरी बात कही गई कि मुंडाओं में मर्द और स्त्री दोनों के लम्बे बाल होते हैं, इसलिए पहचान कर पाना मुश्किल था। उन्हें इस बात का एहसास नहीं था कि उनकी गोलियों की जद में महिलाएँ भी आ रही हैं।

उपसंहार

बिरसा के आन्दोलन में शहीद हुए लोगों में महिलाएँ बड़ी संख्या में थीं। जिउरी गाँव के साथ चाईबासा के बाड़ु कुम्बे गाँव के लोग भी मझिया मुंडा की पत्नी को याद करते हैं। उनके साथ शहीद हुए दर्जन-भर लोगों की याद में हर साल 9 जनवरी को

सईल रकाब पहाड़ के पास मेले जैसा आयोजन होता है। मझिया मुंडा की पत्नी के वास्तविक नाम की जानकारी कहीं नहीं है। उस समय महिलाओं को लोग उनके पति के नाम से ही जानते थे। सईल रकाब पहाड़ के पास पत्थलगड़ी में भी 'मझिया मुंडा की पत्नी' नाम ही दर्ज है।

शहीद हुई महिलाओं में **बंकन मुंडा की पत्नी** और **डुंगडुंग मुंडा की पत्नी** का नाम भी डोम्बारी बुरु पहाड़ के 'पत्थलगड़ी' में अंकित है इससे यह पता चलता है कि विद्रोह में महिलाओं की बड़ी भागीदारी थी।

शहीद होपन मांझी

ओम प्रकाश बाउरी

19वीं शताब्दी के उत्तरार्द्ध में कई प्रखर स्वतंत्रता सेनानियों ने भारतीय स्वतंत्रता आन्दोलन में अपने नेतृत्व, कुशलता और क्षमता को दर्शाते हुए ब्रिटिश सरकार को सशक्त चुनौतियाँ दी हैं। उनमें से उत्तरी छोटानागपुर के प्रमुख क्रान्तिकारी के रूप में महत्त्वपूर्ण योगदान जनजातियों का भी रहा है। होपन मांझी उनमें से एक थे जिन्होंने अपनी योग्यता एवं क्षमता के कुशल नेतृत्व से गांधीवादी विचारधारा को प्रसारित और स्वतंत्रता आन्दोलन को संगठित करने के लिए प्रखर रूप से अपना योगदान दिया था। उन्होंने स्वतंत्रता आन्दोलन में प्रत्यक्ष रूप से उत्तरी छोटानागपुर के जनजातीय एवं गैर-जनजातीय लोगों को संगठित करते हुए ब्रिटिश सरकार को सशक्त चुनौती प्रदान की थी। होपन मांझी स्वतंत्रता आन्दोलन के दौरान लगभग 22 से 25 वर्ष की युवावस्था में ही ब्रिटिश विरोधी गतिविधि कार्यों में स्वतंत्रता संग्राम के लिए शामिल हो गए थे। वे स्वतंत्रता आन्दोलन के दौरान उत्तरी छोटानागपुर में गांधी जी के संरचनात्मक लक्ष्यों का प्रचार-प्रसार करने और स्वतंत्रता आन्दोलन के प्रति जागृति लाने का कार्य करते रहे। प्रस्तुत शोध-पत्र 'अचर्चित नायकों के कार्य' तत्कालीन अभिलेखों, क्षेत्रीय अध्ययनों एवं मौखिक स्रोतों से प्राप्त तथ्यों के अवलोकन के आधार पर तैयार किया गया है।

परिचय

होपन मांझी महात्मा गांधी की विचारधारा से प्रेरित होकर भारतीय स्वतंत्रता आन्दोलन से जुड़ गए। अहिंसा और सत्याग्रह की विचारधारा का क्षेत्र में प्रचार-प्रसार करने लगे। सन 1920-1921 के असहयोग आन्दोलन में छोटानागपुर में चल रहे अभियान में सक्रिय रूप से सम्मिलित रहे।[1] होपन मांझी महात्मा गांधी की विचारधारा को प्रसारित कर स्वतंत्रता आन्दोलन में लोगों को संगठित करने लगे।

स्वतंत्रता आन्दोलन के लिए महात्मा गांधी द्वारा निर्धारित कार्यक्रम के अनुसार होपन मांझी क्षेत्र में नेतृत्व करके लोगों को एकजुट कर आन्दोलन चलाने लगे। सन् 1930 के सविनय अवज्ञा आन्दोलन और सन् 1942 के 'भारत छोड़ो आन्दोलन' में उन्होंने सक्रिय रूप से क्षेत्र में नेतृत्व किया।[2]

ईस्ट इंडिया कम्पनी ने आदिवासियों की जमीन पर अपना अधिकार जमाने के लिए सबसे पहले मालगुजारी वसूलना शुरू किया। सर्वप्रथम ब्रिटिश सरकार द्वारा अधिकृत जमींदार एवं थानेदार कर वसूलने के नाम पर जनजातियों पर शोषण किया करते थे। शोषण के कारण जनजातियों में आक्रोश पनप रहा था। सन् 1770, 1777 और 1800 ई. के निरन्तर अकाल के कारण झारखंड क्षेत्र में विकराल रूप से लोग त्रस्त हो गए। रोजी-रोटी की तलाश में लोग घर-द्वार छोड़कर सुरगुजा, मिर्जापुर, दक्षिण बिहार तथा अन्य सीमावर्ती प्रदेशों में चले गए। जो कहीं न जा सके उन लोगों में विद्रोह पनप रहा था और वे लोग ब्रिटिश सरकार के खिलाफ विद्रोह के लिए आन्तरिक रूप से तैयार हो रहे थे।[3] सन् 1786 ई. में लॉर्ड कार्नवालिस ब्रिटिश पार्लियामेंट का स्पष्ट निर्देश लेकर भारत आया और मालबन्दी तथा वसूली सम्बन्धी स्थायी कानून बनाने का निर्देश दिया।[4] स्थायी बन्दोबस्ती के कारण जनजातियों और गैर-जनजातियों को कृषि-योग्य भूमि का अभाव हो गया जिसके कारण वे झूम कृषि के लिए जंगल की भूमि का उपयोग करने लगे। चारे और जलावन के लिए वह पूरी तरह जंगल पर निर्भर हो गए। स्थायी बन्दोबस्ती से जंगल की भूमि तथा उत्पाद के अतिरिक्त गाँव की गैर-मजरुआ जमीन पर भी प्रतिबन्ध लग गया जिससे कृषि-योग्य जमीन का विस्तार रुक गया। जंगलों से जनजातियों के सम्बन्ध पर प्रतिबन्ध का प्रयास किया जाने लगा। इससे गाँव के महाजन और साहूकार की जड़ें भी मजबूत होने लगीं और शोषण भी बढ़ने लगा।[5] महाजन व साहूकार द्वारा शोषण अत्यधिक होने लगा। अत्याचार और शोषण के कारण जनजातियों में असन्तोष उत्पन्न हो रहा था। इस असन्तोष का छोटानागपुर के क्षेत्रों में लोगों पर निरन्तर प्रभाव बढ़ रहा था। 18वीं शताब्दी में उत्तरी छोटानागपुर के गोमिया क्षेत्र के आसपास के गाँवों में कर वसूलने के लिए जमींदारों और थानेदारों के द्वारा जनजातीय लोगों पर शोषण किया जाता था। जमींदार और ब्रिटिश, दोनों मिलकर कर वसूलने के लिए जनजातियों पर दबाव बनाते। कर नहीं देने पर उनकी भूमि को जबरन छीन लिया जाता था, साथ-ही-साथ जमींदारों द्वारा क्षेत्र की जनजातियों को छुआछूत का प्रकोप भी झेलना पड़ता था।[6] अग्रेंजों और जमींदारों द्वारा दमन के कारण जनजातियों का जीवन बहुत ही विषम परिस्थिति से गुजर रहा था। 1857 के सिपाही विद्रोह का प्रभाव उत्तरी छोटानागपुर के हजारीबाग, रामगढ़, बगोदर, गोला, चास और पेटरवार क्षेत्र में भी रहा।[7] यह विद्रोह आसपास के क्षेत्रों में आम लोगों के पास भी पहुँच गया। जिसके कारण इन क्षेत्रों में और ज्यादा अग्रेंजों के विरुद्ध आक्रोश का माहौल तैयार हुआ।

यहाँ के लोग शान्तिप्रिय होने के कारण उग्र रूप से अपना विरोध प्रकट कर नहीं कर पा रहे थे। लोगों में आन्तरिक रूप से विद्रोह पनप रहा था, बस किसी प्रखर नेतृत्वकर्ता की आवश्यकता थी। उसी कालखंड में छोटानागपुर के गोमिया प्रखंड, खम्भरा पंचायत, ग्राम करमाटाँड़ में दिनांक 26 मई, 1873 को केवल मांझी के घर द्वितीय पुत्र होपन मांझी का जन्म होता है।[8] केवल मांझी के दो पुत्र थे। प्रथम पुत्र का नाम 'बड़का मांझी' एवं द्वितीय पुत्र का नाम 'होपन मांझी' था। सन्ताल में छोटा का अर्थ होपन होता है इसलिए होपन मांझी नाम पड़ा था।

होपन मांझी का बचपन जमींदारों के दमन और शोषण के वातावरण में बीत रहा था। उनके अन्दर आन्तरिक रूप से इस शोषण के खिलाफ जमींदारों के प्रति विद्रोह पनप रहा था। वह इसी दमन और शोषण के वातावरण में किसी तरह तीसरी कक्षा तक शिक्षा ग्रहण कर पाए। इनके मन-मस्तिष्क पर जमींदारों का शोषण प्रतिदिन तैरता रहता था। होपन मांझी बचपन में तैराकी कर अपने साथियों से प्रतिस्पर्धा करते थे। एक दिन जब वह अपने साथियों के साथ तैराकी करके वापस घर आ रहे थे तो उसे रास्ते में एक साथी द्वारा सूचना मिली कि जमींदार कर वसूलने के लिए दबाव बनाकर तुम्हारे पिता को प्रताड़ित कर रहा है। होपन मांझी दौड़ते हुए पिता के पास आए और जमींदार का विरोध करने लगे। पिता-पुत्र के विरोध के कारण जमींदार वापस चला गया। इस घटना का होपन मांझी पर काफी प्रभाव पड़ा[9] और वह अधिक दिनों तक अंग्रेजों और जमींदारों का शोषण सह नहीं सके और लगभग 22 से 25 वर्ष की युवावस्था में शोषण के विरुद्ध लोगों को एकजुट करने के लिए, लोगों को जागरूक करने लगे। क्षेत्र में घूम-घूमकर लोगों को जमींदारों के शोषण से मुक्ति के लिए प्रेरित कर एकजुट करने लगे।[10] जब श्याम कृष्ण सहाय के निमंत्रण पर महात्मा गांधी का सर्वप्रथम 4 जून, 1917 के राँची में आगमन हुआ था, तब यहाँ श्याम कृष्ण सहाय और ब्रज किशोर बाबू के साथ मिलकर 'चम्पारण आन्दोलन' की रूपरेखा तैयार की गई।[11] गांधी जी की अहिंसा और सत्याग्रह नीति का लोगों पर विशेष प्रभाव पड़ा।[12] झारखंड में स्वतंत्रता आन्दोलन में नई ऊर्जा उत्पन्न हुई। स्वतंत्रता आन्दोलन के क्रम में 1917 ई. से महात्मा गांधी का कई बार छोटानागपुर आना हुआ। उनके प्रभाव में आकर आरम्भ से ही यहाँ के अनेक लोगों ने भारतीय स्वतंत्रता में रुचि लेना शुरू कर दिया एवं सभाओं में शामिल होने लगे।

क्षेत्र और आन्दोलन

19वीं शताब्दी के उत्तरार्ध में भारत भूमि की अक्षुण्ण स्वतंत्रता के लिए विभिन्न क्षेत्रों में एवं भिन्न-भिन्न भागों में कई वीर सपूत अपनी कुर्बानी और बलिदान देते रहे हैं। महात्मा गांधी का ब्रिटिश शासन के खिलाफ आन्दोलन राष्ट्रीय स्वतंत्रता आन्दोलन के रूप में दिखने लगा। 4 जून, 1917 को श्याम कृष्ण सहाय के निमंत्रण पर राँची

में महात्मा गांधी के आगमन का जनजातियों पर बहुत ही बड़ा प्रभाव पड़ा।[13] होपन मांझी भी अहिंसात्मक रूप से एवं शान्तिपूर्ण ढंग से आन्दोलन के पक्षधर थे इसलिए वे भी महात्मा गांधी की विचारधारा से प्रभावित होकर भारतीय राष्ट्रीय स्वतंत्रता आन्दोलन से जुड़ गए और महात्मा गांधी की विचारधारा और स्वतंत्रता आन्दोलन की भावना को जन-जन तक पहुँचाने का कार्य करने लगे। वह लगभग 22 वर्ष से 25 वर्ष की युवावस्था में ही भारत की स्वतंत्रता के लिए विभिन्न क्षेत्रों में घूम-घूमकर लोगों को प्रेरित करने लगे और सक्रिय रूप से ब्रिटिश विरोधी कार्य करने लगे।[14] जमींदारों और ब्रिटिश सरकार की नीतियों का विरोध कर वे लोगों को एकजुट करने लगे। वे छोटानागपुर के धनबाद, चास, पेटरवार, गोमिया, हजारीबाग, चतरा और रामगढ़ क्षेत्रों में लोगों से मिलकर ब्रिटिश सरकार को क्षेत्र से उखाड़ फेंकने के लिए जागरूक और एकजुट करते रहे।[15] ब्रिटिश और जमींदारों को कर न देने के लिए वे हमेशा लोगों को प्रेरित करते रहते थे। महात्मा गांधी के 1920-21 असहयोग आन्दोलन में होपन मांझी ने क्षेत्र में सक्रिय भूमिका निभाई। वह निरन्तर महात्मा गांधी के आन्दोलन की योजना अनुसार क्षेत्र में कार्य करने लगे। महात्मा गांधी द्वारा 1930 ई. में आरम्भ किये गए 'सविनय अवज्ञा आन्दोलन' में झारखंड के लोगों ने भी बढ़-चढ़कर हिस्सा लिया।[16] झारखंड के कई जगहों पर कार्यक्रम के अनुरूप आन्दोलन हुआ। 2 जनवरी, 1930 ई. को बैठक में प्रतिवर्ष 26 जनवरी को स्वाधीनता दिवस मनाने की घोषणा की गई थी।[17] अब इस निर्णय से जगह-जगह 'स्वाधीनता दिवस' बहुत ही उत्साहपूर्वक मनाया गया। हजारीबाग में भारी लाठीचार्ज के बीच कृष्ण बल्लभ सहाय ने कचहरी में झंडा फहरा दिया।[18] झारखंड के विभिन्न स्थानों में यह कार्यक्रम चला। 2 जुलाई, 1930 को गोमिया में 100 से अधिक की संख्या में जुलूस निकला।[19] जिसका नेतृत्व स्वतंत्रता सेनानी होपन मांझी ने किया। होपन मांझी निजी घोड़े से घूम-घूमकर क्षेत्र में निरन्तर अपने लोगों को ब्रिटिश सरकार के विरुद्ध जागरूक करते रहते थे जिससे इस क्षेत्र में लोग ब्रिटिश सरकार के विरुद्ध गोलबन्द हुए। इससे घबड़ाकर ब्रिटिश सैनिकों ने 23 जुलाई, 1930 को धारा 108(ए) लगाकर होपन मांझी को गिरफ्तार कर हजारीबाग जेल में बन्द कर दिया[20] परन्तु इससे क्षेत्र में ब्रिटिश सरकार के विरुद्ध लोगों में और आक्रोश उत्पन्न हो गया। क्षेत्र में होपन मांझी के प्रति और ज्यादा श्रद्धा एवं विश्वास हो गया। लोग होपन मांझी को नेता मानने लगे और जगह-जगह उनकी चर्चा होने लगी। समय बीतता गया और दिनांक 31 मार्च, 1931 को हजारीबाग केन्द्रीय कारागार से होपन मांझी रिहा होकर वापस आ गए।[21] जेल से वापस आने के बाद और भी प्रखर रूप से और अधिक ऊर्जा के साथ होपन मांझी स्वतंत्रता अभियान में निकल पड़े। जेल से छूटने के कारण क्षेत्र में होपन मांझी लोकप्रिय हो गए थे जिसके परिणामस्वरूप होपन मांझी की लोकप्रियता और आन्दोलन की संघर्षगाथा महात्मा गांधी तक पहुँच चुकी थी।

महात्मा गांधी होपन मांझी के कार्यों से काफी प्रभावित थे। यही कारण था कि जब उन्हें अपने यहाँ आने का निमंत्रण दिया तो वह इनकार नहीं कर सके और गांधी जी 28 अप्रैल, 1934 को गोमिया की कोनार नदी के किनारे गोमीबेड़ा नामक स्थान पर लगभग 20 हजार संख्या की जनसभा को सम्बोधित किया।[22] लोग दूर-दूर से पैदल, बैलगाड़ी या साइकिल से महात्मा गांधी के भाषण सुनने पहुँचे थे।[23] चूँकि गरमी का मौसम था इस कारण कोनार नदी का पानी सूख चुका था। समस्या थी कि प्रचंड गरमी में इतनी भीड़ के लिए पानी की व्यवस्था किस प्रकार होगी? महात्मा गांधी ने भी होपन मांझी के सामने यह समस्या रखी थी, तब होपन मांझी ने बहुत ही आत्मविश्वास से कहा था कि "चिन्ता न करे बापू! पानी की व्यवस्था हो जाएगी।" होपन मांझी के साथी बंगम मांझी और होपन मांझी ने पानी बरसने के लिए स्थानीय जाहेर थान में पूजा-अर्चना की थी और ऐसा ही हुआ। सभा से पूर्व जोरदार वर्षा हुई और नदी पानी से भर गई। पानी के लिए किसी प्रकार की समस्या नहीं हुई।[24] गोमीबेड़ा के निकट इमली के पेड़ के सामने तोरण द्वार बनाया गया ताकि कोई भी बैलगाड़ी या साइकिल लेकर सभा-स्थल तक न जाए। तोरण द्वार के बाहर ही सभी को बैलगाड़ी और साइकिल रखकर सभा-स्थल तक पैदल जाना था। भीड़ के कारण यह व्यवस्था की गई थी। एक विशाल मंच बनाया गया था। उसी मंच से गांधी जी ने टीन के भोंपू से सभा को सम्बोधित कर स्वतंत्रता आन्दोलन में भाग लेने की अपील की थी।[25] इसका इस क्षेत्र के लोगों में काफी प्रभाव पड़ा और लोग आन्दोलन में भारी संख्या में भाग लेने लगे। सभा के बाद महात्मा गांधी होपन मांझी के आवास में ही रुके और रूखा-सूखा भोजन कर रात्रि में विश्राम किया। इस सभा और रात्रि विश्राम के बाद छोटानागपुर में होपन मांझी की लोकप्रियता व नेतृत्व क्षमता पूर्ण रूप से साबित हो चुकी थी। क्षेत्र के सभी स्वतंत्रता सेनानी, बंगम मांझी, काशीनाथ मांझी, काशीनाथ मुंडा, गुलू रविदास, रामदास लाला, मो. यासीन अंसारी, सरयू कांदु, महादेव महतो, सुखदेव प्रसाद, डोका महतो, लालधारी कांदु जैसे कई अन्य स्वतंत्रता सेनानियों को साथ लेकर स्वतंत्रता आन्दोलन को तीव्र करने में लगे और सन् 1942 के भारत छोड़ो आन्दोलन में सभी स्वतंत्रता आन्दोलनकारियों को एक साथ लेकर क्षेत्र के लोगों को आन्दोलन के लिए प्रेरित करने लगे।[26] छोटी-छोटी सभा करके लोगों का देश की आजादी के लिए आह्वान करने लगे। होपन मांझी क्षेत्र में देश की आजादी के लिए निरन्तर जागरूकता और आन्दोलन करते रहे।

विद्रोह का वृत्तान्त

लम्बे समय से हजारीबाग सहित सम्पूर्ण छोटानागपुर क्षेत्र बिहार प्रदेश का स्वाधीनता संग्राम का गढ़ रहा है।[27] अनेक राष्ट्रीय स्तर के आन्दोलनकारियों ने समय-समय पर

हजारीबाग, राँची एवं रामगढ़ क्षेत्र का दौरा किया एवं कई सभाओं को सम्बोधित किया था। इससे इस क्षेत्र में स्वाधीनता आन्दोलन के प्रति लोगों का रुझान काफी बढ़ गया था। ग्रामीण क्षेत्रों में भी आन्दोलनकारियों की सभाएँ होती थीं। स्वाधीनता आन्दोलन में बढ़-चढ़कर नेतृत्व करनेवालों में से गोमिया क्षेत्र के होपन मांझी, बंगम मांझी, लक्ष्मण मांझी, गुलू रविदास, रामदास, लालधारी कांदु, सरयू कांदु, शिव चरण महतो, महतो मांझी, महादेव महतो, मो. यासीन, सुखदेव प्रसाद, विद्याशंकर तिवारी, रामेश्वर पांडेय, डोका मांझी[28] के अलावा पेटरवार क्षेत्र में काशीनाथ मांझी, काशीनाथ मुंडा, जटाशंकर महतो, शिवदयाल महतो, अलबतिया देवी[29]; कसमार क्षेत्र के चुनु महतो, जन्नत हुसैन अंसारी, कासीश्वर चौबे[30] तथा चास-चन्दनकियारी क्षेत्र में बाउरी समुदाय के कई आन्दोलनकारियों की भी महत्त्वपूर्ण भूमिका रही थी।[31] इनमें से विशेषकर होपन मांझी और बंगम मांझी ने स्वाधीनता आन्दोलन में नायकों की भूमिका निभाई। होपन मांझी ने 22 वर्ष से 25 वर्ष की उम्र में ही ब्रिटिश सरकार के विरुद्ध बिगुल फूँक दिया था। होपन मांझी ने सर्वप्रथम 1920-21 के असहयोग आन्दोलन के प्रचार-प्रसार के लिए गोमिया क्षेत्र के अनेक गाँवों का भ्रमण किया। महात्मा गांधी द्वारा बताए गए कार्यक्रम को अनेक लोगों के समक्ष प्रस्तुत किया। इस दौर में कई साथियों ने बढ़-चढ़कर होपन मांझी का साथ दिया जिसमें बंगम मांझी और लक्ष्मण मांझी प्रमुख थे।[32]

सन् 1930 में सविनय अवज्ञा आन्दोलन के दौरान होपन मांझी पुनः सक्रिय हुए और उत्तरी छोटानागपुर के—विशेषकर हजारीबाग के अधीन क्षेत्रों में जोरदार आन्दोलन किया। हजारीबाग में कृष्ण बल्लभ सहाय की उपस्थिति में सविनय अवज्ञा आन्दोलन के तहत 2 जनवरी, 1930 को एक बैठक में यह निर्णय लिया गया कि प्रतिवर्ष 26 जनवरी को स्वाधीनता दिवस मनाया जाएगा।[33] होपन मांझी ने कृष्ण बल्लभ सहाय के बहुत नजदीकी रहने के कारण अपने नेतृत्व में 2 जुलाई, 1930 को ब्रिटिश सरकार के विरोध में गोमिया में सौ लोगों का जुलूस निकाला।[34] आन्दोलन करते हुए क्षेत्र के लोगों को वे स्वाधीनता के प्रति जागरूक करने लग गए। वे अपने निजी घोड़े पर चढ़कर क्षेत्र में घूम-घूमकर प्रचार किया करते थे। होपन मांझी की इन गतिविधियों पर ब्रिटिश प्रशासन की नजर पड़ गई थी। 23 जुलाई, 1930 को उन पर भा.द.वि. की धारा 108(ए) लगाते हुए गिरफ्तार कर केन्द्रीय कारा, हजारीबाग जेल भेज दिया गया।[35] होपन मांझी के जेल जाने के बाद गोमिया के आन्दोलनकारी विभिन्न तरीकों से आसपास में आन्दोलन चलाते रहे। उनके पुत्र लक्ष्मण मांझी क्षेत्र में आन्दोलन को गति देने का कार्य करते रहे। 31 मार्च, 1931 को होपन मांझी जेल से रिहा हुए।[36] वह जेल जाने के कारण क्षेत्र में क्रान्तिकारी आन्दोलनकारी नेता के रूप में लोकप्रिय हो चुके थे। जेल से रिहाई के उपरान्त आन्दोलन गोमिया क्षेत्र में और तीव्रता से बढ़ने लगा। होपन मांझी के संघर्ष की चर्चा स्वाधीनता आन्दोलन के शीर्ष नेताओं तक पहुँच चुकी थी।

उनकी क्रान्तिकारी छवि को एक नई पहचान मिली और गोमिया क्षेत्र में चल रहे स्वाधीनता संग्राम से महात्मा गांधी भी अवगत हुए। इसी के परिणामस्वरूप 28 अप्रैल, 1934 को होपन मांझी के आग्रह पर महात्मा गांधी ने गोमिया की कोनार नदी के किनारे गोमीबेड़ा नामक स्थान पर लगभग 20 हजार लोगों की जनसभा को सम्बोधित किया और रात्रि में होपन मांझी के आवास पर विश्राम कर भोजन ग्रहण किया। इस सभा में महात्मा गांधी ने छुआछूत को खत्म करने के लिए कांग्रेस में सदस्यता लेने हेतु यह शर्त रख दी कि जो भी सदस्यता लेना चाहता है वह होपन मांझी के हाथों से पानी पिए तभी सदस्यता मिलेगी।[37]

1942 के भारत छोड़ो आन्दोलन में होपन मांझी और उनके पुत्र लक्ष्मण मांझी ने बहुत ही सक्रियता से आन्दोलन को लेकर कई बैठकें कीं और लोगों को एकजुट किया।[38] स्वतंत्रता आन्दोलन में होपन मांझी के साथ सक्रियता से बंगम मांझी, काशीनाथ मुंडा, काशीनाथ मांझी, गुलू रविदास, महतो मांझी, महादेव मांझी, सरयू कांदु, मो. यासीन अंसारी, डोका महतो जैसे कई और स्वतंत्रता सेनानियों ने ब्रिटिश शासन के खिलाफ प्रतिशोध के रूप में भारत छोड़ो आन्दोलन में भाग लिया। कर नहीं दे सकने के कारण ब्रिटिश प्रशासन ने गुलू रविदास की जमीन पर कब्जा कर ली थी लेकिन होपन मांझी और गुलू रविदास ने जमीन के लिए जोरदार प्रतिरोध कर दिया।[39] इस प्रतिरोध के कारण ब्रिटिश प्रशासन को विवश होकर जमीन वापस करनी पड़ी। काशीनाथ मुंडा और काशीनाथ मांझी दोनों सहपाठियों ने पेटरवार पोस्ट ऑफिस को आगजनी कर जला दिया। इसके बाद उत्पन्न परिस्थिति में उन दोनों की पढ़ाई बीच में ही छूट गई।[40] इस घटना से होपन मांझी काफी आहत हुए थे। होपन मांझी ने क्षेत्र में नशामुक्ति, छुआछूत एवं शिक्षा के लिए कई मुहिम चलाया। वे लोगों को शाकाहारी भोजन के लिए निरन्तर प्रेरित करते रहते थे।[41] वे देश की आजादी के बाद भी जीवन के अन्तिम क्षणों तक अपने उद्देश्य और विचारधारा पर टिके रहे।

आन्दोलन का प्रभाव

भारतीय स्वाधीनता संग्राम में छोटानागपुर क्षेत्र के नायकों का अविस्मरणीय योगदान रहा है। कई मायनों में स्वाधीनता आन्दोलन राजनीतिक होने के साथ-साथ सामाजिक रूप से अधिक प्रभावकारी रहा था। इन क्षेत्रों में बसे गाँवों में सामाजिक विषमता और भेदभाव जैसी कुप्रथाओं के साथ-साथ अन्य कई प्रकार की समस्याओं से भी जनजीवन त्रस्त था। होपन मांझी ने उस दौर में तीसरी या चतुर्थ तक शिक्षा ग्रहण करने में सफलता पाई थी।[42] इस कारण उन्होंने अपने क्षेत्र में व्याप्त समस्याओं को भली-भाँति अनुभव किया था। आजादी के आन्दोलन से किस प्रकार गाँव-देहात के लोगों की तकदीर बदल सकती है, यह बात उन्होंने समझ ली थी।

विदेशी शासन से छुटकारा पाने के लिए आजादी के आन्दोलन से लोगों को जोड़ना ही होपन मांझी की मुख्य योजना थी मगर लोगों के जीवन में व्याप्त समस्याओं का उन्मूलन करना उनके लिए जरूरी था। इस प्रकार वे स्वाधीनता आन्दोलन के साथ-साथ सामाजिक आन्दोलन के भी सूत्रधार बने थे।

होपन मांझी के अथक प्रयास से बंगम मांझी, काशीनाथ मांझी, काशीनाथ मुंडा, महतो मांझी, गुलू रविदास, मो. यासीन अंसारी, सरयू कांदु, महादेव महतो, सुखदेव प्रसाद, डोका महतो, लालधारी कांदु आदि ने गाँव-गाँव में स्वाधीनता आन्दोलन का बढ़-चढ़कर प्रचार-प्रसार किया था। इससे क्षेत्र के लोगों में स्वाधीनता की चेतना का विकास हुआ। असहयोग आन्दोलन और सविनय अवज्ञा आन्दोलन के कारण होपन मांझी नायक के रूप में उभरकर सामने आए थे। सविनय अवज्ञा आन्दोलन के दौरान जेल यात्रा ने इस क्षेत्र को झकझोर दिया। परिणामस्वरूप गोमिया, बेरमो, चास, रामगढ़, पेटरवार, कसमार, धनबाद, हजारीबाग, चतरा, गिरिडीह, बगोदर आदि क्षेत्रों तक होपन मांझी ने आन्दोलन चलाया और आजादी के नायक के रूप में स्थापित हुए।[43] गांधी जी की सभा ने गोमिया के निकटवर्ती इलाकों के अलावा सुदूरवर्ती हजारीबाग, गिरिडीह एवं मानभूम तक के लोगों को आजादी के आन्दोलन में जोड़ने में प्रभावशाली भूमिका अदा की।

स्वाधीनता आन्दोलन के साथ-साथ समाज में व्याप्त कुरीतियों तथा विषमताओं को खत्म करने के लिए होपन मांझी ने पुरजोर प्रयास किया था। उन्होंने समाज में नशा मुक्ति उन्मूलन के लिए बीड़ा उठाया। लोगों को शाकाहारी बनने के लिए प्रेरित किया। छुआछूत जैसी कुरीतियों को खत्म करने के लिए अभियान चलाया।[44] होपन मांझी शिक्षा के महत्त्व को समझते थे इसलिए वे घर के सामने खाली जमीन पर स्कूल खोलकर क्षेत्र के बच्चों और लोगों को पढ़ाते थे। बाद में स्कूल पक्के मकान में स्थानान्तरित कर दिया गया।[45]

भारत छोड़ो आन्दोलन शुरू होने तक उत्तरी छोटानागपुर क्षेत्र के मानभूम, रामगढ़, हजारीबाग एवं गिरिडीह क्षेत्र में जगी राजनीतिक चेतना के पीछे वर्षों तक आन्दोलनरत रहे होपन मांझी के प्रयासों को भुलाया नहीं जा सकता।

1947 में देश को स्वाधीनता मिलने पर होपन मांझी के नेतृत्व में स्वाधीनता दिवस मनाया गया। उनके पुत्र लक्ष्मण मांझी को बिहार सरकार में विधान परिषद सदस्य के पद से नवाजा गया।[46] होपन मांझी के अथक प्रयासों के फलस्वरूप छोटानागपुर जैसे पिछड़े क्षेत्र में स्वाधीनता आन्दोलन को प्रखर रूप से आगे बढ़ाना अपने-आप में अद्वितीय कार्य था। इसके लिए अनगिनत मुसीबतों और समस्याओं का समाधान करने के साथ-साथ होपन मांझी ने दृढ़तापूर्वक आन्दोलन को नेतृत्व प्रदान किया। इस प्रकार वे एक सच्चे देशभक्त, आन्दोलनकारी, नायक के रूप में उभरे और स्वतंत्रता संग्राम के महत्त्वपूर्ण नायकों में इनकी गिनती हुई।

उपसंहार

होपन मांझी का संघर्ष उत्तरी छोटानागपुर क्षेत्र के सामाजिक एवं राजनीतिक दृष्टिकोण से अत्यन्त महत्त्वपूर्ण है। क्षेत्र में हो रहे ब्रिटिश प्रशासन एवं जमींदारों द्वारा शोषण की त्रासदी को होपन मांझी ने बहुत ही नजदीक से देखा और अनुभव किया था। बचपन से ही ब्रिटिश प्रशासन और जमींदारों के अत्याचार और शोषण से चिन्तित रहते थे इसलिए युवावस्था में ही अपने आपको स्वाधीनता संग्राम और सामाजिक परिवर्तन के लिए समर्पित कर दिया था। ब्रिटिश सरकार के विरुद्ध उनके प्रतिरोध और सामाजिक गतिविधियों से क्षेत्र में खासकर युवाओं एवं क्रान्तिकारियों में जागृति की एक लहर उठने में सफलता मिली। इनकी दूरदर्शी सोच व धैर्यपूर्ण गतिविधियों का यह परिणाम रहा कि शान्तिप्रिय एवं सरल जनजातीय समुदाय भी अत्याचार और शोषण के खिलाफ क्रान्ति के लिए उठ खड़ा हुआ। साथ ही बंगम मांझी, काशीनाथ मुंडा, काशीनाथ मांझी, सरयू कांदु, महादेव महतो, महतो मांझी, मो. यासीन अंसारी, लक्ष्मण मांझी, लालधारी कांदु, गुलू रविदास, सुखदेव प्रसाद, डोका महतो जैसे क्रान्तिकारी स्वाधीनता संग्राम में क्रान्ति के लिए आगे आया जिसके कारण यह भूमि इन क्रान्तिकारियों के बलिदानों और संघर्षों से गौरवान्वित हो उठी। उनके संघर्ष एवं बलिदान का परिणाम है कि भारतीय स्वाधीनता संघर्ष में शान्तिपूर्ण ढंग से संघर्ष की गाथा सम्पन्न हो सकी। महात्मा गांधी के झारखंड आने के बाद होपन मांझी गांधी जी की विचारधारा से प्रभावित होकर अत्यधिक दृढ़ता और तीव्रता के साथ स्वाधीनता के लिए संग्राम करते रहे। इस गोमिया क्षेत्र के साथ ही आसपास के क्षेत्रों में वह नायक के रूप में उभर चुके थे। नशामुक्ति, छुआछूत और अशिक्षा जैसी व्याप्त कुरीतियों का उन्मूलन करने के लिए लोगों में होपन मांझी 'होपन गुरु' नाम से लोकप्रिय हो गए थे। आजादी के बाद होपन मांझी के पुत्र लक्ष्मण मांझी को बिहार विधान परिषद का सदस्य बनाया गया लेकिन वर्तमान में इनके वंशज काफी कठिनाइयों से जीवन गुजार रहे हैं। लक्ष्मण मांझी द्वारा ही बारूद फैक्टरी (आई.इ.एल., गोमिया) को बिहार विधानसभा से अनुमोदित करवा कर लाया गया था। इसके लिए लक्ष्मण मांझी ने स्वयं की पुश्तैनी जमीन दान कर दी थी। आज होपन मांझी और लक्ष्मण मांझी के वंशज रोजगार की तलाश में हैं। वंशजों में पढ़े-लिखे युवा मजदूरी के लिए विवश हैं। आज भी उनका घर खपरैल का ही है। महात्मा गांधी ने जिस होपन मांझी के घर पर रात्रि विश्राम किया था वह घर आज खंडहर बन चुका है। प्रखंड कार्यालय में एक शिलापट्ट के अलावा किसी भी प्रकार से कहीं भी होपन मांझी का नाम उल्लिखित नहीं है। आसरा संस्था द्वारा उनके परिवार को सम्मान दिलाने का प्रयास किया जाता रहा है।

सन्दर्भ

1. दिनांक 22.03.2023 को श्री रामप्रसाद मांझी (होपन मांझी के परपोते) द्वारा दिया गया साक्षात्कार
2. दीपक सवाल, *स्वतंत्रता आन्दोलन की दुर्लभ गाथा : जरा याद इन्हें भी कर लो*, 2019, प्रहरी फाउंडेशन, बोकारो, पृ. 125
3. बी. वीरोत्तम, *झारखंड : इतिहास एवं संस्कृति*, 2020, बिहार हिन्दी ग्रन्थ अकादमी, पटना, पृ. 131-132
4. वही, पृ. 133
5. वही, पृ. 135
6. कुमार अनुज सिन्हा, *महात्मा गांधी की झारखंड यात्रा*, 2020, प्रभात प्रकाशन प्राइवेट लिमिटेड, नई दिल्ली, पृ. 86
7. ई. लिस्टर, सी.आई.ई., आई.सी.एस., *बिहार एंड ओड़ीसा डिस्ट्रिक्ट गजेटियर : हजारीबाग*, 1917, लोगोस प्रेस, नई दिल्ली, पृ. 68-69
8. लक्ष्मण मांझी (होपन मांझी के पुत्र) द्वारा लिखित डायरी
9. दिनांक 22.03.2023 को श्री रामप्रसाद मांझी (होपन मांझी के परपोते) द्वारा दिये गए साक्षात्कार के अनुसार
10. कुमार अनुज सिन्हा, *महात्मा गांधी की झारखंड यात्रा*, 2020, प्रभात प्रकाशन प्राइवेट लिमिटेड, नई दिल्ली, पृ. 85
11. बी. वीरोत्तम, *झारखंड : इतिहास एवं संस्कृति*, 2020, बिहार हिन्दी ग्रन्थ अकादमी, पटना, पृ. 355
12. वही, पृ. 355
13. वही, पृ. 358
14. दिनांक 22.01.2023 को भूपेन्द्र मांझी (लक्ष्मण मांझी के परपोते) द्वारा दिया गया साक्षात्कार
15. वही
16. दिनांक 22.01.2023 को भूपेन्द्र मांझी (लक्ष्मण मांझी के परपोते), उदय प्रसाद झा (पत्रकार व आसरा संस्था के सचिव) एवं करमचन्द मांझी पंचायत-खमरा के ग्राम प्रधान द्वारा दिया गया साक्षात्कार
17. बी. वीरोत्तम, *झारखंड : इतिहास एवं संस्कृति*, 2020, बिहार हिन्दी ग्रन्थ अकादमी, पटना, पृ. 364
18. वही, पृ. 364
19. वही, पृ. 366
20. अधीक्षक, केन्द्रीय कारा, हजारीबाग, राजनीतिक पीड़ित प्रमाण (जेल जाने और जेल से छूटने का प्रमाण-पत्र)
21. वही
22. कुमार अनुज सिन्हा, *महात्मा गांधी की झारखंड यात्रा*, 2020, प्रभात प्रकाशन प्राइवेट लिमिटेड, नई दिल्ली, पृ. 85

23. दीपक सवाल, *स्वतंत्रता आन्दोलन की दुर्लभ : गाथा जरा याद इन्हें भी कर लो*, 2019, प्रहरी फाउंडेशन, बोकारो, पृ. 123
24. वही, पृ. 124
25. लक्ष्मण मांझी के पोते श्री रामप्रसाद मांझी द्वारा दिये गए साक्षात्कार के अनुसार (संलग्नक)
26. दिनांक 22.01.2023 को राम प्रसाद मांझी (लक्ष्मण मांझी के पोते) द्वारा दिया गया साक्षात्कार
27. ई. लिस्टर, सी.आई.ई., आई.सी.एस., *बिहार एंड ओड़ीसा डिस्ट्रिक्ट गजेटियर : हजारीबाग*, 1917, लोगोस प्रेस, नई दिल्ली, पृ. 65-69
28. दीपक सवाल, *स्वतंत्रता आन्दोलन की दुर्लभ गाथा : जरा याद इन्हें भी कर लो*, 2019, प्रहरी फाउंडेशन, बोकारो, पृ. 122
29. वही, पृ. 157-163
30. वही, पृ. 148
31. *रिवोल्ट इन द पेरीफेरी*, डायरेक्टरेट ऑफ स्टेट आर्काइव, हायर एजुकेशन डिपार्टमेंट ऑफ वेस्ट बंगाल, पृ. 8, 23
32. दिनांक 22.01.2023 को भूपेन्द्र मांझी (लक्ष्मण मांझी के परपोते), उदय प्रसाद झा (पत्रकार व आसरा संस्था के सचिव) एवं राम प्रसाद मांझी द्वारा दिया गया साक्षात्कार
33. दिनांक 22.01.2023 को राम प्रसाद मांझी (होपन मांझी के परपोते) द्वारा दिया गया साक्षात्कार
34. बी. वीरोत्तम, *झारखंड : इतिहास एवं संस्कृति*, 2020, बिहार हिन्दी ग्रन्थ अकादमी, पटना, पृ. 366
35. अधीक्षक, केन्द्रीय कारा, हजारीबाग, राजनीतिक पीड़ित प्रमाण (जेल जाने और जेल से छूटने का प्रमाण-पत्र)
36. वही
37. दिनांक 22.01.2023 को भूपेन्द्र मांझी (लक्ष्मण मांझी के परपोते), उदय प्रसाद झा (पत्रकार व आसरा संस्था के सचिव) एवं राम प्रसाद मांझी द्वारा दिया गया साक्षात्कार
38. दीपक सवाल, *स्वतंत्रता आन्दोलन की दुर्लभ गाथा : जरा याद इन्हें भी कर लो*, 2019, प्रहरी फाउंडेशन, बोकारो, पृ. 123
39. दिनांक 22.01.2023 को भूपेन्द्र मांझी (लक्ष्मण मांझी के परपोते), उदय प्रसाद झा (पत्रकार व आसरा संस्था के सचिव) एवं राम प्रसाद मांझी द्वारा दिया गया साक्षात्कार
40. दीपक सवाल, *स्वतंत्रता आन्दोलन की दुर्लभ गाथा : जरा याद इन्हें भी कर लो*, 2019, प्रहरी फाउंडेशन, बोकारो, पृ. 160
41. दिनांक 22.01.2023 को बाबू चन्द बेसरा (होपन मांझी के वंशज) द्वारा दिया गया साक्षात्कार एवं कुमार अनुज सिन्हा, *महात्मा गांधी की झारखंड यात्रा*, 2020, प्रभात प्रकाशन प्राइवेट लिमिटेड, नई दिल्ली, पृ. 86
42. दिनांक 22.01.2023 को भूपेन्द्र मांझी (लक्ष्मण मांझी के परपोते), उदय प्रसाद झा (पत्रकार व आसरा संस्था के सचिव) एवं राम प्रसाद मांझी (होपन मांझी के परपोते) द्वारा दिया गया साक्षात्कार

43. दीपक सवाल, *स्वतंत्रता आन्दोलन की दुर्लभ गाथा : जरा याद इन्हें भी कर लो,* 2019, प्रहरी फाउंडेशन, बोकारो, पृ. 122-126
दिनांक 22.01.2023 को भूपेन्द्र मांझी (लक्ष्मण मांझी के परपोते), उदय प्रसाद झा (पत्रकार व आसरा संस्था के सचिव) एवं राम प्रसाद मांझी (होपन मांझी के परपोते) द्वारा दिया गया साक्षात्कार
44. दिनांक 22.01.2023 को बाबू चन्द बेसरा (होपन मांझी के वंशज) द्वारा दिया गया साक्षात्कार
45. दिनांक 22.01.2023 को राम प्रसाद मांझी (होपन मांझी के परपोते) द्वारा दिया गया साक्षात्कार
46. वही

होपन मांझी की वंशावली

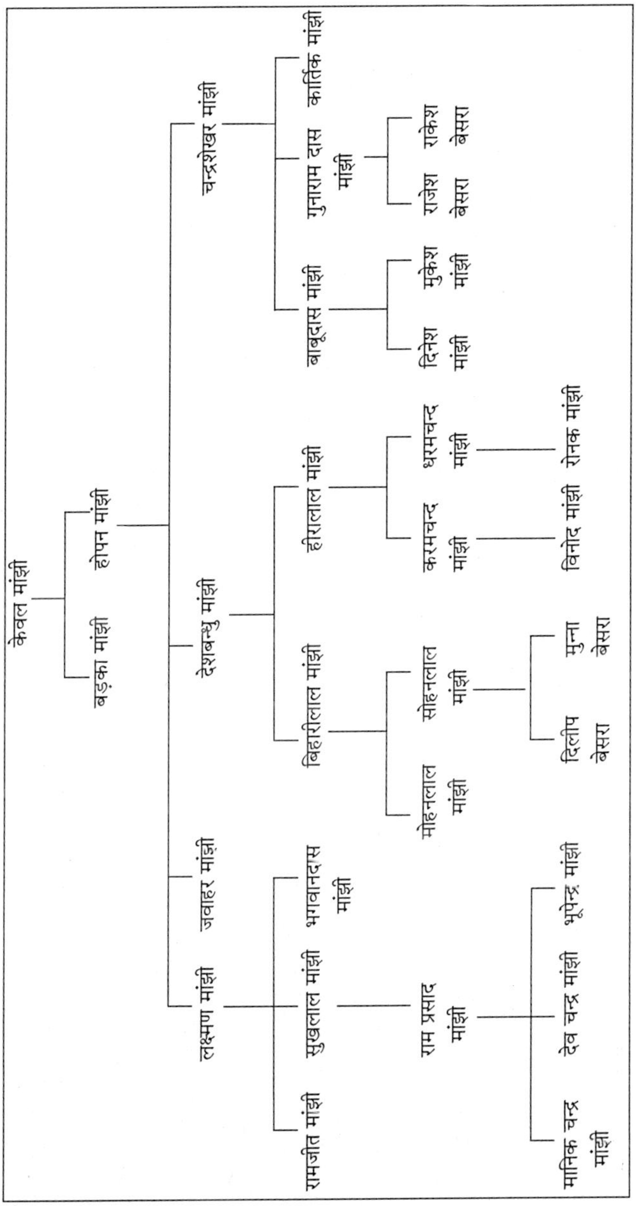
केवल मांझी
बड़का मांझी
होपन मांझी
लक्ष्मण मांझी
जवाहर मांझी
देशबन्धु मांझी
चन्द्रशेखर मांझी
रामजीत मांझी
सुखलाल मांझी
भगवानदास मांझी
बिहारीलाल मांझी
हीरालाल मांझी
बाबूदास मांझी
गुनाराम दास मांझी
कार्तिक मांझी
राम प्रसाद मांझी
मोहनलाल मांझी
सोहनलाल मांझी
करमचन्द मांझी
धरमचन्द मांझी
दिनेश मांझी
मुकेश मांझी
राजेश बेसरा
राकेश बेसरा
मानिक चन्द्र मांझी
देव चन्द्र मांझी
भूपेन्द्र मांझी
दिलीप बेसरा
मुन्ना बेसरा
विनोद मांझी
रौनक मांझी

होपन मांझी के गाँव का डिजिटल मैप

होपन मांझी के पुत्र लक्ष्मण मांझी अपने घर करमाटाँड़, गोमिया में

होपन मांझी के वंशज

होपन मांझी का घर जहाँ महात्मा गांधी 28 अप्रैल, 1934 को रात्रि में ठहरे थे

गोमिया प्रखंड कार्यालय में लगे शिलापट्ट पर अंकित होपन मांझी एवं अन्य स्वतंत्रता सेनानियों के नाम

28 अप्रैल, 1934 को महात्मा गांधी का सभा-स्थल, कोनार नदी के किनारे, गोमिबेड़ा, गोमिया

वह कुआँ जहाँ स्नान करते समय होपन मांझी घायल हो गए थे

होपन मांझी सर्वप्रथम इसी स्थल पर नि:शुल्क शिक्षा देते थे

होपन मांझी ने बाद में विद्यालय को इस स्थान पर स्थानान्तरित कर दिया था

होपन मांझी के घर का पूजा स्थल

आसरा संस्था द्वारा होपन मांझी के घर के संरक्षण का प्रयास

आसरा संस्था द्वारा महात्मा गांधी के सभा-स्थल का संरक्षण का प्रयास

करमचन्द मांझी, ग्राम प्रधान, पंचायत–खमरा

होपन मांझी के नाम पर निर्मित तोरण द्वार, करमाटाँड़, गोमिया

होपन मांझी के पैतृक गाँव में शिलापट्ट, करमाटाँड़, गोमिया

होपन मांझी द्वारा शुरू किया गया विद्यालय, वर्तमान में माध्यमिक विद्यालय, करमाटाँड़, गोमिया

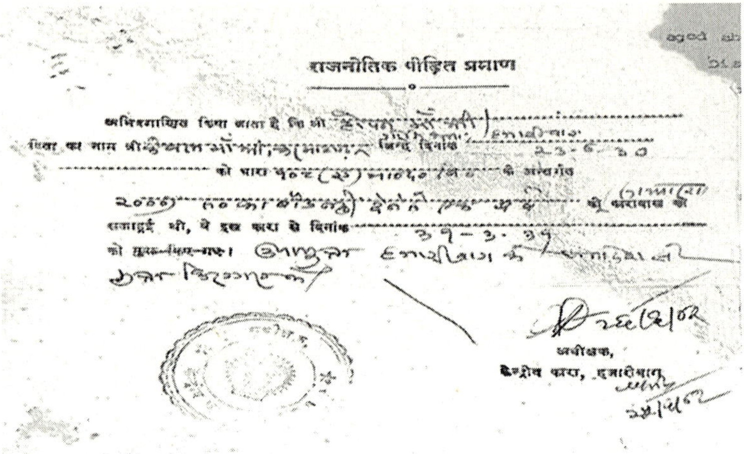

राजनीतिक पीड़ित प्रमाण

अभिप्रमाणित किया जाता है कि श्री … पिता का नाम श्री … जिले … दिनांक … को धारा … के अन्तर्गत … की कारावास की सजा हुई थी, वे इस कारा से दिनांक … को मुक्त किए गए।

अधीक्षक,
केन्द्रीय कारा, हजारीबाग

होपन मांझी का राजनीतिक पीड़ित प्रमाण (जेल जाने का प्रमाण-पत्र)

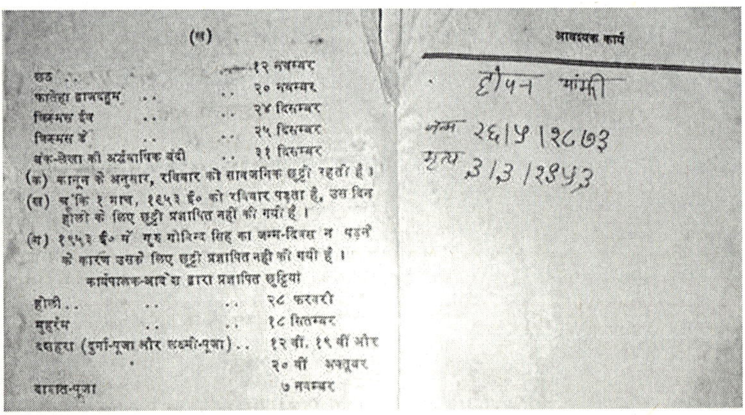

(ख)

छठ	१२ नवम्बर
फातेहा द्वाजदहुम	२० नवम्बर
क्रिसमस ईव	२४ दिसम्बर
क्रिसमस डे	२५ दिसम्बर
बंक-लेखा की अर्द्धवार्षिक बंदी	३१ दिसम्बर

(क) कानून के अनुसार, रविवार को सार्वजनिक छुट्टी रहती है।

(ख) चूंकि १ मार्च, १९५३ ई० को रविवार पड़ता है, उस दिन होली के लिए छुट्टी प्रज्ञापित नहीं की गयी है।

(ग) १९५३ ई० में गुरु गोविन्द सिंह का जन्म-दिवस न पड़ने के कारण उसके लिए छुट्टी प्रज्ञापित नहीं की गयी है।

कार्यपालक-आदेश द्वारा प्रज्ञापित छुट्टियां

होली	२८ फरवरी
मुहर्रम	१८ सितम्बर
दशहरा (दुर्गा-पूजा और लक्ष्मी-पूजा)	१२ वीं, १९ वीं और २० वीं अक्तूबर
श्यामा-पूजा	७ नवम्बर

आवश्यक कार्य

होपन मांझी
जन्म २६।५।१८७३
मृत्यु ३।३।१९५३

पुत्र लक्ष्मण मांझी की हस्तलिपि में होपन मांझी की जन्म-तिथि एवं मृत्यु-तिथि

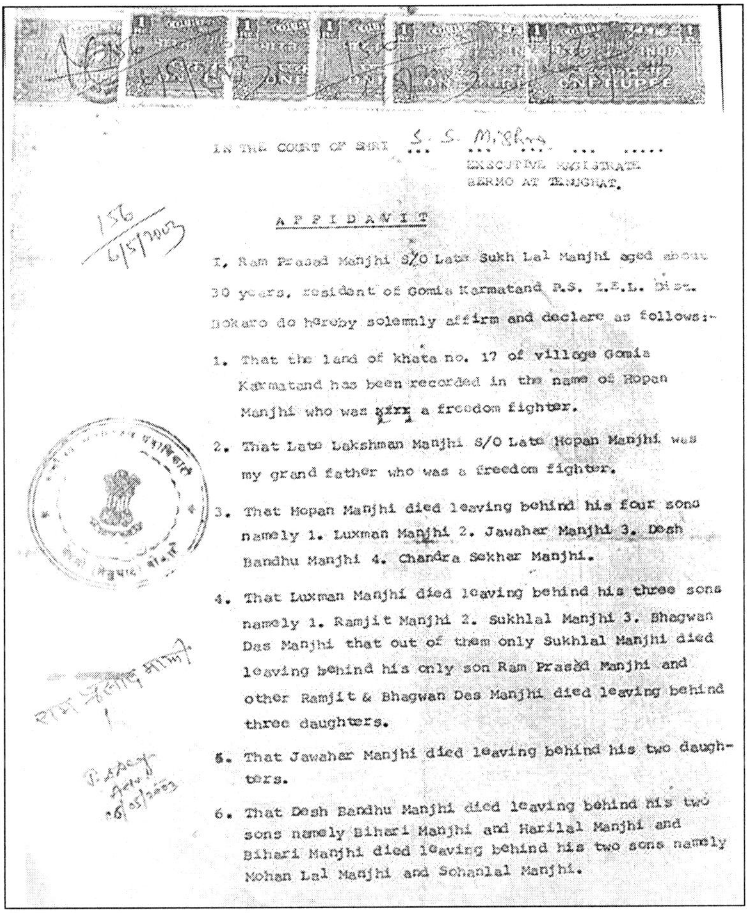

IN THE COURT OF SHRI S. S. Mishra ... ...
EXECUTIVE MAGISTRATE
BERMO AT TENUGHAT.

A F F I D A V I T

I, Ram Prasad Manjhi S/O Late Sukh Lal Manjhi aged about 30 years, resident of Gomia Karmatand P.S. I.E.L. Dist. Bokaro do hereby solemnly affirm and declare as follows:-

1. That the land of khata no. 17 of village Gomia Karmatand has been recorded in the name of Hopan Manjhi who was a freedom fighter.
2. That Late Lakshman Manjhi S/O Late Hopan Manjhi was my grand father who was a freedom fighter.
3. That Hopan Manjhi died leaving behind his four sons namely 1. Luxman Manjhi 2. Jawahar Manjhi 3. Desh Bandhu Manjhi 4. Chandra Sekhar Manjhi.
4. That Luxman Manjhi died leaving behind his three sons namely 1. Ramjit Manjhi 2. Sukhlal Manjhi 3. Bhagwan Das Manjhi that out of them only Sukhlal Manjhi died leaving behind his only son Ram Prasad Manjhi and other Ramjit & Bhagwan Das Manjhi died leaving behind three daughters.
5. That Jawahar Manjhi died leaving behind his two daughters.
6. That Desh Bandhu Manjhi died leaving behind his two sons namely Bihari Manjhi and Harilal Manjhi and Bihari Manjhi died leaving behind his two sons namely Mohan Lal Manjhi and Sohanlal Manjhi.

होपन मांझी के वंशज राम प्रसाद मांझी द्वारा वंशावली के लिए शपथ-पत्र, पृष्ठ-1

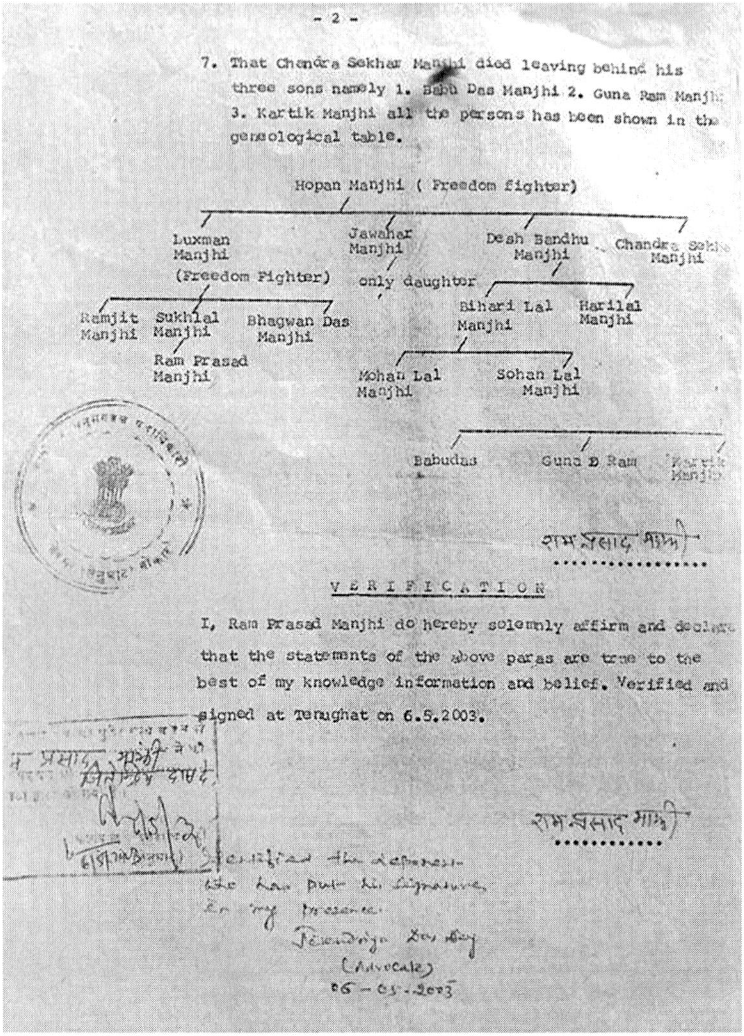

- 2 -

7. That Chandra Sekhar Manjhi died leaving behind his three sons namely 1. Babu Das Manjhi 2. Guna Ram Manjhi 3. Kartik Manjhi all the persons has been shown in the geneological table.

Hopan Manjhi (Freedom fighter)

Luxman Manjhi (Freedom Fighter) — Jawahar Manjhi — Desh Bandhu Manjhi — Chandra Sekhar Manjhi

Luxman Manjhi: Ramjit Manjhi, Sukhlal Manjhi, Bhagwan Das Manjhi

Sukhlal Manjhi: Ram Prasad Manjhi

Jawahar Manjhi: only daughter

Desh Bandhu Manjhi: Bihari Lal Manjhi, Harilal Manjhi

Bihari Lal Manjhi: Mohan Lal Manjhi, Sohan Lal Manjhi

Chandra Sekhar Manjhi: Babudas, Guna Ram, Kartik Manjhi

राम प्रसाद मांझी
....

V E R I F I C A T I O N

I, Ram Prasad Manjhi do hereby solemnly affirm and declare that the statements of the above paras are true to the best of my knowledge information and belief. Verified and signed at Tenughat on 6.5.2003.

राम प्रसाद मांझी
....

Identified the deponent who has put his signature in my presence.

(Advocate)
06-05-2003

होपन मांझी के वंशज राम प्रसाद मांझी द्वारा वंशावली के लिए शपथ-पत्र, पृष्ठ-2

होपन मांझी का खतियान

शहीद बैरू मांझी, अर्जुन मांझी और रूपु मांझी

अमन मरांडी

आजादी की लड़ाई में कई आदिवासी नेताओं की अनदेखी की गई है और राष्ट्रीय स्तर पर उनके योगदान से बेखबर रखा गया है। उत्तरी छोटानागपुर में सन्ताल विद्रोह और 1857 की लड़ाई में बैरू मांझी, अर्जुन मांझी और रूपु मांझी के नेतृत्व में किये हूल की चर्चा बहुत कम ही की जाती है। बैरू मांझी, अर्जुन मांझी और रूपु मांझी ने अंग्रेजों की दमनकारी नीतियों का खुलकर विरोध किया जिसके कारण अंग्रेजों ने कई क्रान्तिकारियों को जेल में डाला और कई को फाँसी पर लटका दिया। उत्तरी छोटानागपुर में सन्तालों ने अपनी पुरानी शासन-प्रणाली को स्थापित करने तथा अंग्रेजों की शोषणकारी नीतियों के खिलाफ विद्रोह किया था। आजादी की इस लड़ाई में उत्तरी छोटानागपुर के सन्तालों ने साबित कर दिया कि सन्ताल आदिवासी किसी विदेशी ताकत के अधीन नहीं है।

परिचय

'सन्ताल हूल' केवल सन्ताल परगना तक ही सीमित नहीं था। उत्तरी छोटानागपुर में भी 1853-55 में 'हूल' की शुरुआत हो चुकी थी। लेकिन हजारीबाग, रामगढ़ और मानभूम जिले में सन्ताल विद्रोह ने सन्ताल परगना में हुए सन्ताल विद्रोह के रूप में ज्यादा ध्यान आकर्षित नहीं किया। 1855 के सन्ताल विद्रोह का समर्थन उत्तरी छोटानागपुर तथा आसपास के इलाकों में बसनेवाले सन्ताल आदिवासियों ने भी किया।

अंग्रेजों को उत्तरी छोटानागपुर में सन्तालों द्वारा किये जा रहे विद्रोह के बारे में जानकारी नहीं थी। वे समझते थे कि हजारीबाग में उनका शासन कुशलता से चल रहा है। सरकार के भ्रष्ट अधिकारी, साहूकार और जमींदार आम जनता पर शोषण और अत्याचार करते थे जिससे आदिवासी और गैर-आदिवासी के मन में सरकार के प्रति असन्तोष का भाव बढ़ता जा रहा था। लोग विद्रोह करने के लिए अंग्रेजी सरकार के खिलाफ संगठित हो रहे थे।

उत्तरी छोटानागपुर के सन्ताल विद्रोह को गैर-आदिवासियों, जमींदार और राजाओं से सहायता मिल रही थी जिसके कारण बहुत कम समय में यह विद्रोह जन-विद्रोह के रूप में दिखने लगा था। शुरुआत में, इस विद्रोह में क्रान्तिकारियों की संख्या कम थी लेकिन बाद में इसकी संख्या बढ़ती चली गई। उत्तरी छोटानागपुर के हजारीबाग और आसपास के अन्य इलाकों में क्रान्तिकारियों की संख्या लगातार बढ़ रही थी और वे विद्रोह की घटना को अंजाम दे रहे थे।

सरकार ने विद्रोह को दबाने के लिए उन सभी स्थानों पर कार्रवाई करने का निश्चय किया जहाँ सन्ताल क्रान्तिकारी एकत्रित हो रहे थे। इस दौरान क्षेत्र में ब्रिटिश सरकार का लोगों पर उत्पीड़न बढ़ गया था, जिन्हें पकड़ा जा सकता था उन्हें पकड़ कर जेल में डालने का भी फैसला किया गया। अर्जुन मांझी, बैरू मांझी और रूपु मांझी के नेतृत्व में सरकार की इस दमनकारी नीतियों का विरोध किया गया।[1] ब्रिटिश सरकार ने विद्रोह को दबाने के लिए एवं लोगों के मन में भय उत्पन्न करने के लिए कई क्रान्तिकारियों तथा महिलाओं को जेल में बन्द कर दिया और कई सन्ताल नेताओं के घर जला दिये गए। सरकार के कड़े प्रतिबन्धों के बावजूद सन्ताल आदिवासी बहुत बहादुरी के साथ अंग्रेजों के आधुनिक हथियार का सामना तीर-धनुष से किया। लेकिन सन्तालों के युद्ध-कौशल को देखते हुए कई अंग्रेज के अधिकारियों ने भविष्य में सन्तालों के साथ लड़ने से मना कर दिया।

क्षेत्र और आन्दोलन

ब्रिटिश शासन काल में हजारीबाग प्रशासनिक मुख्यालय हुआ करता था। सरकारी थाने बरही के डिप्टी मजिस्ट्रेट के नियंत्रण में थे और जमींदारी थाने राजा रामगढ़ के जमींदारों के नियंत्रण में थे। जमींदारों की शोषणकारी नीतियों के कारण अपराध की घटना सरकारी थानों की तुलना में जमींदारी थानों में ज्यादा होती थी।[2]

1851 में हजारीबाग तथा अन्य क्षेत्रों में बारिश नहीं होने के कारण धान की फसल पर बहुत बुरा प्रभाव पड़ा, जिससे धान की पैदावार सामान्य मात्रा से एक-चौथाई हुई थी।[3] क्षेत्र में अकाल की स्थिति बन गई थी। ब्रिटिश सरकार ने इस संकट से निपटने के लिए कोई बड़ा कदम नहीं उठाया। सरकार के असन्तोषजनक रवैये से लोगों में असन्तोष का भाव बढ़ रहा था। जमींदारों और साहूकारों के असन्तोषजनक रवैये से सन्तालों पर बुरा प्रभाव पड़ रहा था। अंग्रेजों के पत्राचार सं. 50, दिनांक 13 नवम्बर, 1853 से पता चलता है कि 1852-53 में सन्तालों ने क्षेत्र में विद्रोह करना शुरू कर दिया था, जिसके कारण सरकार ने इन क्रान्तिकारियों पर निगरानी रखनी शुरू कर दी। हजारीबाग में सन्ताल खुद को संगठित कर रहे थे और सरकार की दमनकारी नीतियों का लोग खुलकर विरोध कर रहे थे। इसकी भनक सरकार को लग चुकी थी।

CHUTIA NAGPUR DIVISION 1877

फोटो साभार : (*द झारखंड मूवमेंट : इंडिजेनस पीपुल्स स्ट्रगल फॉर ऑटोनोमी इन इंडिया*, आर.डी. मुंडा एवं एस. बासु मल्लिक)

1855 की सन्ताल विद्रोह में सन्ताल पहली बार सन्ताल परगना में संगठित होकर अंग्रेजों के खिलाफ हूल का एलान किया था। वहीं दूसरी बार फिर से सन्ताल 1855-56 में उत्तरी छोटानागपुर में विद्रोह के लिए संगठित होते हुए दिखाई दिये।[4] जिसे सन्ताल विद्रोह के विस्तृत रूप में देखा जा रहा था। ब्रिटिश सरकार नहीं चाहती थी कि उत्तरी छोटानागपुर में भी सन्ताल परगना जैसा सन्ताल विद्रोह हो।

अंग्रेजों के पत्राचार सं. 612, दिनांक 21 जनवरी, 1856 से पता चलता है कि अर्जुन मांझी को लोगों को संगठित करने और अंग्रेजी सरकार के विरुद्ध विद्रोह करने पर ब्रिटिश पुलिस ने पकड़ लिया था, लेकिन हजारीबाग लाते समय वे ब्रिटिश पुलिस के गिरफ्त से भाग निकले जिसके बाद ब्रिटिश सरकार ने उसे पकड़ने के लिए 50 रुपये का इनाम रखा था।[5] अर्जुन मांझी को हजारीबाग के सन्ताल विद्रोह का प्रमुख नेता माना जाता है।

हजारीबाग में विद्रोह को दबाने और क्रान्तिकारियों को रोकने के लिए सरकार ने लोगों को जेल में डालने का फैसला किया। सरकार की कड़ी तैयारियों के बाद भी 20 मार्च, 1856 को क्रान्तिकारियों ने खड़गडीहा परगना के अखलापुर बाजार को लूट लिया।[6] इस लूट की घटना के बाद जमींदारों और साहूकारों में भय व्याप्त हो गया। राजा भी इस घटना को लेकर भयभीत थे। क्षेत्र में क्रान्तिकारियों के द्वारा लगातार विद्रोह किया जा रहा था, जिसकी सूचना हजारीबाग के कमिश्नर को मिल चुकी थी।

8 अप्रैल, 1856 को खड़गडीहा परगना के मुजलडीह में करीब 400 सन्ताल जमा हुए थे और जिसमें से 50-100 सन्ताल क्रान्तिकारी हजारीबाग की ओर बढ़ रहे हैं।

हजारीबाग के प्रिंसिपल असिस्टेंट को इसकी सूचना मिलते ही प्रिंसिपल असिस्टेंट ने क्षेत्र में सुरक्षा बढ़ा दी और सन्तालों पर नजर रखनी शुरू कर दी और क्रान्तिकारियों के बारे में सही जानकारी देनेवाले को पुरस्कार देने की घोषणा की गई।[7] 15 अप्रैल, 1856 को ट्विड ने प्रिंसिपल असिस्टेंट को सूचित किया कि विभिन्न क्षेत्रों में जैसे गादी, डोरंडा और कैसपो में सन्ताल इकट्ठा हो रहे हैं, जिसके बाद ट्विड और प्रिंसिपल असिस्टेंट क्षेत्र का दौरा करते हैं, लेकिन लोगों द्वारा सन्तालों के संगठित होने की खबर को नकार दिया जाता है।[8]

सरकार की कड़ी निगरानी के बावजूद क्रान्तिकारी खड़गडीहा के आपपास के क्षेत्रों में संगठित होकर सभाएँ कर रहे थे। 27 अप्रैल, 1856 को क्रान्तिकारियों ने खड़गडीहा के दरोगा को चेतावनी दी, जिसमें 1855 की तरह हजारीबाग में हूल करने की बात कही गई थी।[9]

29 अप्रैल, 1856 को चतरोचट्टी में अंग्रेजों और सन्तालों के बीच सीधा संघर्ष हुआ। डिप्टी मजिस्ट्रेट ट्विड को सूचना मिली कि बैरू मांझी और लुबई मांझी के नेतृत्व में सन्ताल क्रान्तिकारी चतरोचट्टी गाँव के जमींदारों और साहूकारों को लूटने आए हैं, डिप्टी मजिस्ट्रेट ट्विड और लेफ्टिनेंट रियन अपनी अंग्रेजी फौज के साथ चतरोचट्टी पहुँचते हैं। लेकिन तब तक सन्ताल क्रान्तिकारी वहाँ से जा चुके थे। आगे बढ़ने पर डिप्टी मजिस्ट्रेट ने खड़गडीहा से 16 किलोमीटर दूर पहाड़ों पर बैरू मांझी और उनके साथियों को इकट्ठा पाया। क्रान्तिकारी तीर-धनुष, तलवार तथा फरसा लिए हुए थे। अंग्रेजी फौज के नजदीक आते ही क्रान्तिकारियों ने उन पर तीर-धनुष और तलवार से हमला कर दिया। डिप्टी मजिस्ट्रेट ट्विड ने क्रान्तिकारियों के नेता को गोली मार दी। लड़ाई में ट्विड के दो आदमी मारे गए और स्वयं ट्विड बुरी तरह से जख्मी हो गया था। 100-150 के करीब सन्ताल क्रान्तिकारी इस लड़ाई में शामिल थे।[10]

2 मई, 1856 को कमिश्नर ने प्रिंसिपल असिस्टेंट को आदेश दिया कि वह विद्रोह में शामिल सभी व्यक्तियों को बन्दी बनाकर उन पर मुकदमा चलाएँ। कमिश्नर ने जमींदारों को आदेश दिया कि यदि उनके इलाकों में सन्तालों ने गड़बड़ी की तो उन्हें ही दंडित किया जाएगा।[11]

जुलाई, 1856 में हजारीबाग के खड़गडीहा परगना में सन्तालों की सभा बुलाई गई। इस सभा में बड़ी संख्या में सन्ताल क्रान्तिकारी एकत्रित हुए, सभा में क्रान्तिकारियों ने अंग्रेजों की शोषण व्यवस्था के खिलाफ विद्रोह करने की शपथ ली और अर्जुन मांझी, लुबई मांझी, लिताई मांझी, बैरू मांझी, सूर्य ठाकुर, चुबाई मांझी को क्रान्तिकारियों का नेता चुना गया। नेता नये क्रान्तिकारियों को प्रशिक्षण देते थे और विद्रोह करने के लिए योजना बनाते थे।[12] इस विद्रोह में महाजन और जमींदार ब्रिटिश सरकार के साथ थे, वहीं दूसरी ओर सन्ताल ब्रिटिश सरकार खिलाफ थे। हालाँकि कुछ जमींदार क्रान्तिकारियों के साथ थे जो अप्रत्यक्ष रूप से क्रान्तिकारियों की मदद कर रहे थे।

यह आन्दोलन सन्ताल परगना के हूल के बाद 1855-56 में बहुत तेजी के साथ उत्तरी छोटानागपुर में बढ़ा। सन्ताल परगना में सिदो-कानू के नेतृत्व में किये गए हूल से बैरू मांझी, अर्जुन मांझी और रूपु मांझी ने हूल के लिए प्रेरणा ली। बैरू मांझी, अर्जुन मांझी और रूपु मांझी के नेतृत्व में कई क्रान्तिकारियों ने अपनी जाने गँवाई थी। विद्रोह को दबाने के लिए अंग्रेजी सरकार ने क्रान्तिकारियों को जेल में बन्द कर दिया। अर्जुन मांझी, बैरू मांझी और रूपु मांझी उत्तरी छोटानागपुर के सन्ताल विद्रोह के प्रमुख क्रान्तिकारी नेता थे।[13]

रूपु मांझी (रंगा मांझी)

रूपु मांझी को 1855 के सन्ताल विद्रोह के समान्तर क्रान्तिकारियों में से जाना जाता है। इनका जन्म 19वीं शताब्दी में उत्तरी छोटानागपुर के हजारीबाग जिले में हुआ था। वे बचपन से ही अपने क्षेत्र में अपने लोगों पर अंग्रेजों, महाजनों द्वारा किये जा रहे अत्याचार को देख रहे थे। रूपु मांझी ने सन्ताल विद्रोह से प्रेरित होकर उत्तरी छोटानागपुर के हजारीबाग और रामगढ़ के क्षेत्रों में अंग्रेजी सत्ता, महाजन और जमींदारों के शोषण के खिलाफ लोगों को संगठित किया। वे क्रान्तिकारियों को लड़ने के लिए प्रशिक्षित भी करते थे और आगे की लड़ाई के लिए योजना भी बनाते थे जिसके कारण रामगढ़ और हजारीबाग के कई क्षेत्रों में लोगों ने उन्हें क्रान्तिकारी नेता के रूप में स्वीकार किया। रूपु मांझी के नेतृत्व में हजारीबाग और रामगढ़ के सन्तालों ने कई गाँवों के जमींदारों को लूटा, क्योंकि जमींदार और साहूकार अंग्रेजों का साथ दे रहे थे, वे अंग्रेजों के अधीन काम कर रहे थे।[14] लेकिन कुछ जमींदार ऐसे भी थे, जो अंग्रेजों के विरोध में थे और वे रूपु मांझी जैसे क्रान्तिकारियों का साथ दे रहे थे। सितम्बर, 1857 में रामगढ़ के राजा ने सरकार को बताया कि सन्ताल रूपु मांझी के नेतृत्व में क्रान्तिकारी गैर-कानूनी ढंग से हथियारों का निर्माण कर रहे हैं।[15]

हजारीबाग से 14 मील दूर झारपो में, रूपु मांझी और उनके गिरोह ने रामगढ़ राजा के परिवार के एक सदस्य के घर को घेर लिया और हमला कर दिया। लेफ्टिनेंट ग्राहम ने इस घटना की सूचना मिलते ही अपनी सैन्य टुकड़ी को झारपो भेजा। वहाँ उन्होंने पाया कि लगभग 200-300 क्रान्तिकारी मैदान में कैम्प में खाना बना रहे थे। क्रान्तिकारियों ने इनके आने की सूचना मिलते ही अपने पारम्परिक हथियार तीर-धनुष से सैन्य टुकड़ी पर हमला कर दिया जिससे लेफ्टिनेंट ग्राहम के सैन्य टुकड़ी के कई सैनिक घायल हो गए। जवाबी कार्यवाही करते हुए सैन्य टुकड़ी ने भी क्रान्तिकारियों पर हमला कर दिया जिसमें तकरीबन 10 क्रान्तिकारी मारे गए और कुछ क्रान्तिकारी गम्भीर रूप से घायल हो गए।

इस लड़ाई में 3 क्रान्तिकारी को बन्दी बना लिया गया और बचे हुए क्रान्तिकारी जंगल की ओर भाग निकलने में सफल हुए। बन्दी बनाए गए क्रान्तिकारियों को हजारीबाग लाया गया जहाँ पकड़े गए क्रान्तिकारियों ने कबूल किया कि वे रूपु मांझी के नेतृत्व में विद्रोह कर रहे थे। कुछ दिनों बाद लेफ्टिनेंट ग्राहम को खबर मिलती है कि क्रान्तिकारी फिर से झारपो में एकत्रित हो रहे हैं और लूटपाट कर रहे हैं। लेफ्टिनेंट ग्राहम को अपने 100 सिख सैनिक और 30 घुड़सवारों के साथ इन क्रान्तिकारियों के खिलाफ मार्च करना पड़ा।[16]

14 सितम्बर, 1857 को हजारीबाग के नरायणपुर गाँव में फिर से रूपु मांझी और अन्य क्रान्तिकारियों के विद्रोह को दबाने के लिए लेफ्टिनेंट ग्राहम, रामगढ़ की सैन्य टुकड़ी और अन्य सिख सैनिक झारपो जाते हैं। वे पाते हैं कि नरायणपुर गाँव के जंगल में क्रान्तिकारियों का कैम्प (पड़ाव) है। सैन्य टुकड़ी क्रान्तिकारियों के कैम्प पर अचानक से हमला कर देती है। हालाँकि सन्ताल बहुत बहादुरी के साथ लड़ते हैं, लेकिन इस लड़ाई में 12 सन्ताल मारे जाते हैं और तकरीबन 8 सन्ताल घायल हो जाते हैं। लड़ाई में रूपु मांझी के भतीजे पालु ठाकुर शहीद हो जाते हैं और पालु के बेटे बुरी तरह से जख्मी हो जाते हैं। इस लड़ाई में लेफ्टिनेंट ग्राहम भारी मात्रा में क्रान्तिकारियों के अनाज को जब्त कर लेता है। 16 सितम्बर को फिर से लेफ्टिनेंट ग्राहम अपने सैनिकों के साथ झारपो के जंगलों में गए जहाँ उन्हें एक घर में भारी मात्रा में अनाज मिला। यह घर रूपु मांझी का बताया गया। अनाज को जब्त करके ग्रामीणों में बाँट दिया गया और अंग्रेजों ने लोगों पर भय कायम करने के लिए रूपु मांझी के घर को आग लगा दी।[17]

सन्ताल के इस विद्रोह ने जमींदारों पर बहुत सन्देह पैदा कर दिया था। अंग्रेजी सरकार ने रामगढ़ के राजा को विशेष रूप से थाना गोमिया के भीतरी इलाकों में हथियारबन्द लोगों को भेजने के लिए कहा था, क्योंकि कुछ पहाड़ियों पर पहले से ही सन्तालों का कब्जा था। सन्ताल और चुहारों को मारने के लिए निर्मम सैन्य अभियान चलाए गए, जिन्हें अकसर 'बुडमाशेस' के रूप में वर्णित किया जाता था। रामगढ़ बटालियन के 40वीं रेजीमेंट को सन्तालों को रोकने के लिए भेजा गया। इस लड़ाई में ब्रिटिश सरकार रूपु मांझी को नहीं पकड़ पाई। अंग्रेजों के पत्रांक सं. 50, दिनांक 17 सितम्बर, 1857 से पता चलता है कि ब्रिटिश सरकार ने रूपु मांझी को पकड़ने के लिए 100 रुपये का ईनाम रखा था।[18] सन्तालों की इस उग्रता को दबाने के लिए रामगढ़ के राजा गोमिया और रामगढ़ में भारी संख्या में सैनिकों को तैनात करते हैं और कोल और सन्ताली समुदाय के लोगों पर लगान बढ़ाने का निर्णय लेते हैं क्योंकि कोल और सन्ताल समुदाय के लोग इस आन्दोलन में सबसे ज्यादा सक्रिय थे।

बैरू मांझी और अर्जुन मांझी

बैरू मांझी और अर्जुन मांझी उत्तरी छोटानागपुर में सन्तालों द्वारा किये जा रहे विद्रोह के प्रमुख नेता थे। उत्तरी छोटानागपुर में सन्ताल परगना के सन्ताल विद्रोह के साथ ही सन्तालों का विद्रोह शुरू हो चुका था, लेकिन यह विद्रोह सन्ताल विद्रोह की तरह संगठित नहीं था। सन्ताल विद्रोह के खत्म होते ही जुलाई, 1856 ई. में सन्ताल बड़ी संख्या में हजारीबाग के खड़गडीहा में एकत्रित हुए। इस सभा में अर्जुन मांझी, बैरू मांझी और अन्य को नेता चुना जाता है। हालाँकि अर्जुन मांझी और बैरू मांझी को खड़गडीहा की सभा से पहले ही हजारीबाग के सन्ताल नेता मान चुके थे। इन्होंने उत्तरी छोटानागपुर के रामगढ़, हजारीबाग और मानभूम के क्षेत्रों में लोगों को विद्रोह के लिए प्रेरित किया था। अर्जुन मांझी का सम्पर्क भागलपुर, मानभूम, बीरभूम तथा सन्ताल परगना के सन्तालों के साथ था। उत्तरी छोटानागपुर के सन्ताल विद्रोह के दौरान अर्जुन मांझी को भागलपुर, मानभूम, बीरभूम तथा सन्ताल परगना के सन्तालों से मदद मिल रही थी।[19] अंग्रेजों के पत्राचार सं. 612, दिनांक 21 जनवरी, 1856 से पता चलता है कि अर्जुन मांझी को लोगों को संगठित करने और अंग्रेजी सरकार के विरुद्ध विद्रोह करने पर ब्रिटिश पुलिस ने पकड़ लिया था, लेकिन हजारीबाग लाते समय वे ब्रिटिश पुलिस की गिरफ्त से भाग निकले जिसके बाद ब्रिटिश सरकार ने उसे पकड़ने के लिए 50 रुपये का इनाम रखा था। पुलिस की गिरफ्त से भागने के बाद अर्जुन मांझी गुप्त रूप से भागलपुर और बीरभूम से हजारीबाग आए सन्तालों के साथ विद्रोह के लिए हथियारों का निर्माण कर रहे थे।[20] एक ओर ब्रिटिश सरकार हजारीबाग में विद्रोह को कुचलने को तैयार थी वहीं दूसरी ओर अर्जुन मांझी के नेतृत्व में सन्ताल फिर से एक बार हूल करने को तैयार थे।

ब्रिटिश सरकार ने विद्रोह को दबाने के लिए 'फूट डालो राज करो' की नीति अपनाई। अंग्रेजों ने सन्ताल नेताओं को धमकाकर अथवा धन देकर अपनी ओर मिलाने का प्रयास भी किया। ब्रिटिश सरकार के कड़ी मेहनत के बावजूद हजारीबाग के सन्तालों ने 19 फरवरी, 1856 ई. को विद्रोह कर दिया। हजारीबाग और खड़गडीहा के आसपास के क्षेत्रों में क्रान्तिकारियों ने अंग्रेजों का साथ देनेवाले कई जमींदारों, साहूकारों को लूटा। 26 फरवरी, 1856 तक लूट-पाट बन्द हो गई और सन्ताल जंगलों में जा छिपे या बीरभूम तथा सन्ताल परगना लौट गए। घटना की जानकारी लेने के लिए प्रिंसिपल असिस्टेंट ने पूरे इलाके का दौरा किया। इस दौरान खड़गडीहा के दारोगा को बदल दिया गया और जमींदारों तथा राजाओं को सन्तालों पर नजर रखने का आदेश दिया गया।[21] उत्तरी छोटानागपुर में क्रान्तिकारियों के आक्रामक रवैये से ब्रिटिश सरकार, जमींदारों तथा राजाओं पर आक्रमण किये जाने का खतरा बना रहता था।

उत्तरी छोटानगपुर के सन्ताल विद्रोह में बैरू मांझी का अहम योगदान रहा है। 29 अप्रैल, 1856 को चतरोचट्टी में ब्रिटिश फौज के साथ बैरू मांझी और उनके साथियों का सीधा मुकाबला हुआ था जिसमें बैरू मांझी और उनके साथियों ने केवल तीर-धनुष से डिप्टी मजिस्ट्रेट ट्विड तथा ब्रिटिश फौज के आधुनिक हथियारों का मुकाबला किया था। इसमें डिप्टी मजिस्ट्रेट ट्विड बुरी तरह से जख्मी हो गया था जिसके बाद डिप्टी मजिस्ट्रेट ट्विड ने एक महीने की छुट्टी ले ली और साथ ही उन्होंने सन्तालों के विरुद्ध जंगलों में अपनी फौज को भेजने से मना कर दिया।

बैरू मांझी तथा अन्य दो (लताई मांझी और कुंगु मांझी) पर सन्ताल क्रान्तिकारियों को संगठित करने, ब्रिटिश सरकार का साथ देनेवाले जमींदारों और साहूकारों को लूटने तथा दंगा करने का आरोप था। बैरू मांझी और इनके साथी विद्रोह करने के लिए हथियार बनाया करते थे जिसके कारण वे और इनके साथी कई दिनों से अंग्रेजों की निगरानी में थे। 28 मई, 1856 को बैरू मांझी को अंग्रेजों के मुखबिर टीक नरायण सिंह की मदद से पकड़ लिया गया जिसके लिए टीक नरायण सिंह को अंग्रेजों द्वारा 100 रुपये का इनाम दिया गया।[22] कोर्ट में बैरू मांझी तथा अन्य दो पर अंग्रेजों के दफादार पूरन सिंह और घुड़सवार राम चन्द्र पांडेय को जान से मारने तथा उनकी सम्पत्ति को लूटने और गैर-कानूनी ढंग से हथियार बनाने को लेकर मुकदमा चलाया गया। बाद में, 27 मार्च, 1857 को कोर्ट ट्रायल के दौरान बताया जाता है कि जेल में बैरू मांझी की मौत हो चुकी है तथा अन्य दो लताई मांझी को 14 साल तथा कुंगु मांझी को 3 साल की सजा सुनाई जाती है।[23]

आन्दोलन का प्रभाव

उत्तरी छोटानागपुर में, 1855-56 में सन्तालों द्वारा किया सन्ताल हूल तथा 1857 के सिपाही विद्रोह से क्षेत्र में व्यापक बदलाव देखा गया। सरकारी अधिकारी, जमींदार और साहूकार समझ चुके थे कि सन्तालों पर उनका जोर नहीं चल सकता है। सन्ताल अपनी स्वायत्त प्रणाली की रक्षा के लिए संगठित होकर विद्रोह कर सकते हैं। क्षेत्र में आन्दोलन के कारण कुछ प्रशासनिक बदलाव भी देखे गए, जमींदारों और साहूकारों द्वारा लोगों पर उत्पीड़न कम हो गया। आदिवासी क्षेत्रों में सरकार ने हस्तक्षेप करना कम कर दिया।

उपसंहार

उत्तरी छोटानागपुर में सन्तालों के अर्जुन मांझी, बैरू मांझी और रूपु मांझी के नेतृत्व में किये गए सन्ताल विद्रोह से पता चलता है कि उत्तरी छोटानागपुर के सन्ताल, सन्ताल परगना के सिदो और कानू की तरह अपना राज चाहते थे। हालाँकि इस विद्रोह के कारण सन्ताल परगना की तरह किसी जिले का निर्माण नहीं हुआ, लेकिन सन्तालों ने यहाँ पर यह साबित कर दिया कि सन्ताल किसी विदेशी शासन-प्रणाली के अधीन नहीं रह सकते हैं, वे खुद की स्थापित शासन-प्रणाली को बेहतर मानते हैं। यह विद्रोह सिर्फ अंग्रेजों के खिलाफ नहीं था, यह विद्रोह महाजनों, साहूकारों तथा अन्य उच्च जातियों के खिलाफ था जो यहाँ के लोगों पर शोषण और अत्याचार कर रहे थे। उत्तरी छोटानागपुर का सन्ताल विद्रोह स्वतंत्रता की लड़ाई के साथ समाज में स्थापित सामन्तवादी व्यवस्था, जमींदारी व्यवस्था के खिलाफ की गई लड़ाई थी। उत्तरी छोटानागपुर का सन्ताल विद्रोह केवल सन्तालों द्वारा किया गया विद्रोह नहीं था, इस विद्रोह में सन्तालों को हिन्दुओं की अन्य छोटी जातियों जैसे—लोहार, कुम्हार, तेली, ग्वाला इत्यादि का साथ मिला। इनके समर्थन से सन्ताल ने उत्तरी छोटानागपुर, मानभूम, बीरभूम इत्यादि जगहों पर अंग्रेजों के खिलाफ विद्रोह किया। 1855 का सन्ताल विद्रोह आदिवासियों द्वारा अंग्रेजों के खिलाफ किया गया सबसे बड़ा विद्रोह था, इस विद्रोह का आदिवासी क्षेत्रों में व्यापक प्रभाव पड़ा था। उत्तरी छोटानागपुर में, अर्जुन मांझी, बैरू मांझी और रूपु मांझी ने इस विद्रोह को आगे बढ़ाया।

सन्दर्भ

1. पी.सी. राय चौधरी, *हजारीबाग ओल्ड रिकॉर्ड (1761-1878)*, 1957, पृ. 75
2. *डाइजेस्ट ऑफ ओल्ड इंग्लिश कॉरेस्पोंडेंस फ्रॉम हजारीबाग कलेक्ट्रेट रिकॉर्ड रूम*, आर्थिक स्थिति, पृ. 142
3. पी.सी. राय चौधरी, *हजारीबाग ओल्ड रिकॉर्ड (1761-1878)*, 1957, पृ. 75
4. इन्द्र कुमार चौधरी, 2019, पृ. 54
5. पी.सी. राय चौधरी, *हजारीबाग ओल्ड रिकॉर्ड (1761-1878)*, 1957, पृ. 83
6. बी. वीरोत्तम, 2020, पृ. 267
7. वही, पृ. 268
8. पी.सी. राय चौधरी, *हजारीबाग ओल्ड रिकॉर्ड (1761-1878)*, 1957, पृ. 81
9. बी. वीरोत्तम, पृ. 268
10. पी.सी. राय चौधरी, *हजारीबाग ओल्ड रिकॉर्ड (1761-1878)*, 1957, पृ. 83
11. बी. वीरोत्तम, पृ. 267
12. वही, पृ. 265

13. पी.सी. राय चौधरी, *हजारीबाग ओल्ड रिकॉर्ड (1761-1878)*, 1957, पृ. 75
14. ई. लिस्टर, *बिहार एंड उड़ीसा डिस्ट्रिक्ट गजेटियर : हजारीबाग*, 1917, पृ. 69
15. पी.सी. राय चौधरी, *हजारीबाग ओल्ड रिकॉर्ड (1761-1878)*, 1957, पृ. 86
16. मल्लिक, 2015, पृ. 446
17. वही, पृ. 446
18. पी.सी. राय चौधरी, *हजारीबाग ओल्ड रिकॉर्ड (1761-1878)*, 1957, पृ. 87
19. वही, पृ. 83
20. बी. वीरोत्तम, पृ. 266
21. पी.सी. राय चौधरी, *हजारीबाग ओल्ड रिकॉर्ड (1761-1878)*, 1957, पृ. 84
22. बी. वीरोत्तम, पृ. 270
23. पी.सी. राय चौधरी, *हजारीबाग ओल्ड रिकॉर्ड (1761-1878)*, 1957, पृ. 85

शहीद चम्पाइ मांझी

महादेव महतो

अंग्रेजी हुकूमत के विरुद्ध हुए ऐतिहासिक 'सन्ताल हूल' के सन्दर्भ में आमतौर पर सिर्फ सिदो-कानू मुर्मू को ही अग्रणी नेतृत्वकर्ता के रूप में याद किया जाता है। किन्तु सन्ताल परगना क्षेत्र की इस ऐतिहासिक क्रान्ति के ऐसे कई नायक थे जिन्होंने इस 'हूल' में महत्त्वपूर्ण और अविस्मरणीय योगदान दिया था। इतिहास के पन्नों में इनके संघर्ष की गाथाएँ दर्ज नहीं हो सकी हैं और इसके फलस्वरूप सन्ताल हूल के कई महान क्रान्तिकारी नायक गुमनाम और विस्मृत हो गए हैं। इन्हीं गुमनाम क्रान्तिकारी नायकों में से एक दुमका जिले के गोपीकान्दर अंचलान्तर्गत सिलिंगी (पिपरा) गाँव के चम्पाइ मांझी का संघर्ष अत्यन्त महत्त्वपूर्ण रहा है। सन्ताल क्रान्ति के अग्रदूत रहे चम्पाइ मांझी ने सूदखोर महाजनों के अन्याय और अंग्रेज शासन के आततायी सिपाहियों के शोषण से त्रस्त हो रहे अपने क्षेत्र के सन्ताल किसानों को संघर्ष हेतु एकजुट करने का कार्य किया था जो आगे चलकर महान 'हूल' (क्रान्ति) के रूप में परिणत हुआ। क्रान्तिगुरु चम्पाइ मांझी के द्वारा आरम्भ किये गए संघर्ष ने भारतीय स्वाधीनता संग्राम के इतिहास में एक स्वर्णिम अध्याय लिखा। हूल के परिप्रेक्ष्य में इन्हें सिदो-कानू के गुरु के रूप में महिमामंडित किया जाता है। प्रस्तुत शोध-पत्र में इसी अचर्चित नायक की संघर्ष-कथा की चर्चा तत्कालीन अभिलेखीय स्रोतों एवं क्षेत्रीय अध्ययन से प्राप्त विभिन्न तथ्यों एवं सामग्रियों की सहायता से की गई है।

परिचय

चम्पाइ मांझी 'सन्ताल हूल' के अग्रणी नायक थे। वे हूल के नायक सिदो-कानू के गुरु माने जाते हैं। वे शिकार के शौकीन एवं दक्ष लड़ाका माने जाते थे।

सन्ताल परगना के दुमका जिले की उत्तरी सीमा में बहनेवाली बाँसलोई नदी के किनारे-किनारे कई छोटे-बड़े पहाड़ों की तलहटी में सिलंगी, पचुआड़ा, महुलडाबर, ओड़मा आदि क्षेत्रों के घने जंगल के अन्दर पहाड़िया एवं सन्ताल आदिवासियों के गाँव हैं। चम्पाइ मांझी के पूर्वज उत्तरी छोटानागपुर के हजारीबाग क्षेत्र से आकर दुमका के गोपीकान्दर थाना क्षेत्र के पचुआड़ा परगना अन्तर्गत बाँसलोई नदी के किनारे स्थित सिलंगी नामक पहाड़ के नीचे बस गए थे।[1] इनको औपचारिक शिक्षा नहीं मिली थी परन्तु अपने पिता द्वारा जंगल में पाई जानेवाली अनेक किस्म की जड़ी-बूटियों द्वारा विभिन्न बीमारियों को ठीक करने हेतु औषधि के रूप में उपयोग करने का विधिवत ज्ञान उन्हें प्राप्त हुआ था। घूम-घूमकर क्षेत्र के लोगों को विभिन्न मौसमी बीमारियों से निजात दिलानेवाले के रूप में क्षेत्र में वे प्रसिद्ध थे।[2]

पृष्ठभूमि

सन्ताल परगना झारखंड का पूर्वोत्तर भूभाग है जो बिहार के भागलपुर एवं पश्चिम बंगाल के बीरभूम के निचले मैदानी क्षेत्रों का मध्यवर्ती इलाका है।[3] यह भूभाग उच्च भूमि एवं पहाड़ियों से भरा क्षेत्र है। इसके उत्तर में गंगा प्रवहमान है। झारखंड का यह क्षेत्र भी गंगा के दक्षिणी तट से सटा हुआ है। यहाँ छोटी-बड़ी पहाड़ियों की लम्बी-लम्बी शृंखलाएँ पसरी हुई हैं जो बिलकुल गंगा-तट से शुरू होकर छिटपुट रूप से दक्षिण-पश्चिम की ओर छोटानागपुर पठार तक फैली हुई दिखती हैं। प्राचीन काल से ही यह क्षेत्र 'जंगल तराई' के नाम से जाना जाता था।[4] वर्तमान में यह क्षेत्र 'सन्ताल परगना' के नाम से जाना जाता है। जनजातीय स्वशासन स्वरूप के प्रशासनिक ढाँचे के तहत इन पहाड़ी क्षेत्रों को 'परगना' या 'टप्पा' में बाँटा गया था।[5] प्रत्येक परगना एक सरदार के अधीन था जिनके अधीन एकाधिक नायब[6] होते थे। गाँवों की देखरेख मांझी[7] करता था। जंगल तराई नाम से परिचित इस उच्च भूमि क्षेत्र की ब्रिटिश कम्पनी शासन के दौरान 1824 से 1833 के मध्य 'दामिन-ए-कोह' नामकरण कर घेराबन्दी की गई थी।[8] लेकिन बाद में यहाँ आकर बसनेवाले सन्तालों की आबादी बेतहाशा बढ़ गई थी। उनके द्वारा जंगल काटकर खेत बनाने का काम जोर-शोर से किये जाने और सैकड़ों गाँव बसा दिये जाने के बाद कम्पनी सरकार द्वारा सन् 1855 में पारित अधिनियम 37 के तहत जंगल तराई क्षेत्र को भागलपुर एवं बीरभूम सम्भाग से अलग करते हुए दुमका, देवघर (जामताड़ा सहित), गोड्डा (पाकुड़ सहित) एवं राजमहल उपसम्भाग क्षेत्रों को समेकित करके 'सन्ताल परगना' नाम अधिनियमित किया गया था।[9] तदुपरान्त सन्ताल परगना नाम से नामित इस क्षेत्र के अन्तर्गत वर्तमान झारखंड के 6 जिले अवस्थित हैं—साहिबगंज, गोड्डा, पाकुड़, दुमका, देवघर और जामताड़ा।[10] इन 6 जिलों को सन्ताल परगना प्रमंडल के अन्तर्गत रखा गया है।

भौगोलिक रूप से, सन्ताल परगना की अवस्थिति 23.40 से 25.18 डिग्री उत्तरी अक्षांश एवं 86.28 से 87.57 डिग्री पूर्वी देशान्तर के अन्तर्गत है।[11] इसकी मुख्य भूमि का कुल क्षेत्रफल लगभग 4865 वर्गमील आँकी गई है।[12] (परन्तु बंगाल डिस्ट्रिक्ट गजेटियर (1910) के अनुसार इसकी कुल भूमि क्षेत्र 5470 वर्गमील मानी गई है।) सन्ताल परगना छोटी-बड़ी अनेक पहाड़ियों और उस पर छाए घने जंगलों से भरा हुआ है। उत्तरी भाग में 'राजमहल की पहाड़ियाँ' नाम से विख्यात इन पहाड़ियों के तराई क्षेत्रों में घने जंगलों के मध्य सैकड़ों सन्ताल बस्तियाँ बसी हैं। बस्तियों के इर्द-गिर्द साफ किये गए जंगलों के अन्दर उनके छोटे-बड़े धान के खेत फैले हुए हैं। यहाँ पहाड़ों के ऊपर भी एक आदिम जनजाति पाई जाती है, इन्हें 'मालेर-सौरिया' एवं 'माल पहाड़िया' कहा जाता है। ये इस पहाड़ी क्षेत्र के सबसे पुराने आदिवासी हैं तथा सन्तालों से हर दृष्टिकोण से अलग दिखते हैं।[13] घाटी क्षेत्र की उपजाऊ भूमि से सन्तालों द्वारा खदेड़े जाने के कारण इन आदिम समूहों को पहाड़ियों के ऊपर शरण लेनी पड़ी और अभी तक वे वहीं टिके हुए हैं।[14] पहाड़िया जनजाति के लोग स्वभाव से साहसी, आक्रामक, चौकन्ने एवं उग्र होते हैं तथा कम-से-कम जरूरतों में पलने वाले समुदाय हैं। ये प्रायः पहाड़ियों के ऊपरी भाग में ही बसते हैं और वहीं रहकर प्रायः 'झूम' विधि से खेती करते हैं तथा पहाड़ के ढलान पर मकई, बाजरा, जौ तथा दलहन की फसल उगाते हैं। इसके अलावा ये समुदाय सवाई घास की खेती भी बड़े पैमाने पर करते हैं।[15] परन्तु ये सन्तालों की तरह स्वाभाविक कृषक नहीं हैं। प्रायः घने जंगलों के अन्दर मीलों तक घूम-घूमकर कन्दमूल तथा मधुमक्खी के छत्ते से शहद इकट्ठा करना इनका प्रिय कार्य है।[16] विख्यात इतिहासकार पी.ओ. बोर्डिंग ने सन्ताल परगना के इतिहास पर प्रकाश डालते हुए कहा है कि यहाँ की भूमि का अजीबोगरीब गठन है जिसका भारत के छोटानागपुर पठार से ही साम्य प्रतीत होता है जिससे यह भी पता चलता है कि यहाँ के लोगों का पूर्ववर्ती निवास क्षेत्र उन्हीं क्षेत्रों में है।

सन्ताल परगना के सन्दर्भ में 'दामिन-ए-कोह' का उल्लेख करना आवश्यक है। यह एक फारसी शब्द है जिसका शाब्दिक अर्थ है—पहाड़ियों का घेरा (स्कर्ट ऑफ हिल्स)। सन्ताल परगना क्षेत्र में दामिन-ए-कोह का प्रसार क्षेत्र लगभग 1356 वर्ग मील से अधिक है।[17] दामिन-ए-कोह की पहाड़ियों से छोटी-बड़ी बहुत सी नदियाँ चारों तरफ प्रवाहित होती हैं जिनमें गुमानी, हरना, ढोलिया, कदेय, नुनबिल, साँपिन, गांगोर, कजिया, निलक्षी, गेरूआ, तोराय, बाँसलोई, मोराखि, बामनी, अजय आदि पहाड़ी नदियाँ प्रमुख हैं।[18] नदियों का पानी आमतौर पर सिंचाई के लिए प्रयुक्त नहीं होता बल्कि प्राकृतिक वर्षा पर ही पहाड़ी क्षेत्र की खेती निर्भर करती है। वनोत्पाद के साथ-साथ जंगल में किये जानेवाले शिकार भी उनके प्रिय कार्य हैं। बाघ, तेन्दुए, हिरण, खरगोश, बन्दर, सूअर, कबूतर, सारस, पंडुक आदि उनके प्रिय शिकार हैं। यहाँ बसे सन्ताल गाँवों के प्रायः सभी घरों में भेड़, बकरी, सूअर एवं मुर्गी पालन की जाती है।

1765 से पूर्व ये वन क्षेत्र नजदीकी मैदानी क्षेत्र में रहनेवाले जमींदारों द्वारा दोहन किये जाते रहे थे।[19] सखुआ, केन्दू, आसन, आम, कटहल, बरगद, शीशम, सतसाल, सिमल, मुर्गा, करइआ, कुसुम, करंज, खजूर, जामुन, ताड़, महुआ, कउ, अर्जुन, शिरीष, कुसुम, रोहन इत्यादि अनेक प्रकार के पेड़ों से यहाँ के वन क्षेत्र ढँके हुए हैं। वनों से यहाँ की मुख्य सम्पदा यानी मूल्यवान लकड़ियाँ, जड़ी-बूटी, लाह, शहद, पत्ते आदि प्राप्त की जाती हैं। मक्का, गुन्दली, अरहर के अलावा धान की उपज उनके लिए सर्वोपरि उद्यम थे।[20] सन्ताल यहाँ के आदिम वासी नहीं थे। ये ब्रिटिश ईस्ट इंडिया कम्पनी द्वारा यहाँ 1790 से 1810 के बीच लाकर बसाए गए थे।[21] इससे पूर्व छिटपुट क्षेत्रों में पहाड़िया जनजाति के अलावा घने जंगलों से भरे अधिकांश पहाड़ी इलाकों में हिंसक जन्तुओं की भरमार थी। सन्तालों को यहाँ के घने जंगलों को साफ करने और जंगली जन्तुओं को खदेड़ने के इरादे से सन् 1790 में बीरभूम क्षेत्र सें लाया गया था।[22] 1836 तक यहाँ 427 से अधिक सन्ताल व कुछ भुँइआ समुदायों के गाँव बस चुके थे।[23]

मुगल शासन के अवसान काल में भागलपुर एवं बीरभूम के मध्य स्थित इस उच्च भूमि क्षेत्र के पहाड़िया आदिवासी समुदायों द्वारा निचले क्षेत्रों में रहनेवाले जमींदारों पर हमला एवं लूटपाट इतनी अधिक बढ़ गई थी कि कम्पनी शासन को यहाँ विशेष सैनिक टुकड़ियों की चौकी स्थापित करनी पड़ी थी। 1772 में कैप्टन क्रुक ने यहाँ की कमान सँभाली थी जिसे 1774 में कैप्टन ब्राउन को हस्तगत किया गया था।[24] उन्होंने बीरभूम से भागलपुर तक कई महत्त्वपूर्ण स्थानों को चिह्नित किया जहाँ पुलिस चौकी स्थापित करना जरूरी था ताकि पहाड़िया लुटेरों पर नियंत्रण रखा जा सके। 1779 में अगस्टस क्लीवलैंड को भागलपुर सम्भाग का कलेक्टर बनाया गया।[25] क्लीवलैंड ने पहाड़िया आदिवासियों पर कई महत्त्वपूर्ण निर्णय लिये एवं इस उच्च भूमि क्षेत्र पर वास्तविक शासन स्थापित करने का सफल प्रयास किया। उन्होंने पहाड़िया समुदाय के मांझी प्रधानों एवं उप-प्रधानों को क्रमश ₹10 एवं ₹5 मासिक पेंशन देकर कम्पनी शासन का समर्थन करने में सफलता पाई और पहाड़िया क्षेत्रों में शान्ति बहाल होने का मार्ग प्रशस्त किया।[26] उन्होंने समूचे पहाड़ी क्षेत्र को सीधे कम्पनी शासन के अन्तर्गत लेने की सिफारिश की तथा पूर्ववर्ती स्थानीय जमींदारों के अधिकार क्षेत्र को मैदानी भाग में सीमित कर दिया। भागलपुर सम्भाग के कलक्टर मि. क्लीवलैंड ने इस क्षेत्र को यह सोचकर जमींदारी अधिकार से मुक्त किया ताकि इस सम्पूर्ण अशान्त उच्च भूमि क्षेत्र पर कम्पनी शासन का प्रत्यक्ष नियंत्रण स्थापित रहे एवं आगे चलकर पहाड़िया आदिवासियों को घाटी क्षेत्र में बसाकर स्थायी कृषि-कार्य में लगा सकें एवं राजस्व का भी सृजन कर सकें। आगमन के प्रारम्भिक दौर में सन्ताल समुदाय भी माल पहाड़िया लोगों की भाँति खाली समय के दौरान मैदानी क्षेत्र के मवेशियों की उठाईगिरी किया करते थे।[27]

1819 में भागलपुर के तत्कालीन सहायक मजिस्ट्रेट मिस्टर सदरलैंड ने कम्पनी सरकार को 'दामिन-ए-कोह' क्षेत्र से जमींदारी प्रभाव को पूर्णतः समाप्त करने और सदा के लिए इसके समस्त अधिकार कम्पनी शासन के अधीन रखने की माँग की। कम्पनी शासन द्वारा इसे स्वीकार कर 17 जुलाई, 1823 को घोषणा की गई कि पहाड़ी क्षेत्र के जनजातीय समूह माल पहाड़िया एवं सन्ताल अब से सीधे कम्पनी शासन के रैयत माने जाएँगे और उन पर किसी जमींदार बिचौलिये का हस्तक्षेप नहीं रहेगा।[28] इसके साथ-साथ यह भी घोषणा हुई कि इन क्षेत्रों के रैयतों को स्थानीय तौर पर राजस्व मुक्त रखा जाएगा।

1824 में मिस्टर जॉन पेटी वार्ड ने 'दामिन-ए-कोह' क्षेत्र की स्थायी घेराबन्दी करने का निर्णय लिया एवं 1824 से 1833 तक सीमांकन कार्य पूरा कर 'दामिन-ए-कोह' के चारों ओर स्थायी स्तम्भों का निर्माण कर घेराबन्दी कर दी गई। 1833 में मि. पोंटेट को दामिन-ए-कोह का सुपरीटेंडेंट बनाकर राजस्व उगाही के लिए नियुक्त किया गया।[29] पूर्व में यद्यपि 'दामिन-ए-कोह' क्षेत्र सिर्फ पहाड़िया समुदाय के लिए आरक्षित किया गया था ताकि उन्हें प्रत्यक्ष नियंत्रण में रखकर स्थायी कृषि-कार्य की ओर प्रवृत्त कर सकें। परन्तु यह प्रयोग सफल साबित नहीं हुआ। ऐसे श्रमसाध्य कार्यों के लिए सन्ताल अपेक्षाकृत अधिक श्रमशील एवं उद्यमी समुदाय के रूप में जाने जाते थे। अंग्रेजों के द्वारा प्रोत्साहन पाकर सन्तालों ने इन पहाड़ी क्षेत्रों में निरन्तर परिश्रम करके जंगल साफ कर उन्हें खेतों में परिवर्तित करने में कामयाबी हासिल की।[30] अभिलेखों के मुताबिक, 1790 से आप्रवासन आरम्भ होने के बाद 1836 तक सन्तालों की 427 से अधिक बस्तियाँ बस चुकी थीं।[31] मिस्टर वार्ड ने सीमांकन कार्य के दौरान घने जंगलों के बीच पहाड़ी क्षेत्रों में खेत बनाने हेतु जंगल साफ करने एवं मिट्टी भराई करने में तल्लीन सन्तालों को कई जगह पाया था। मिस्टर वार्ड ने 'बोर्ड ऑफ रेवेन्यू' कोलकाता से इस सम्बन्ध में विचार-विमर्श किया और वहाँ सन्तालों के बसने की अधिकृत स्वीकृति दे दी गई।[32] सन्ताल समुदाय में नई बस्ती बसाने की एक पारम्परिक विधि का अनुपालन किया जाता था। इसके अन्तर्गत परिवार की हर नई पीढ़ी के बड़े पुत्र को विवाह हो जाने के पश्चात अपने पैतृक घर को छोड़ देना पड़ता और उन्हें पहाड़ी पर आगे चलकर एक नई जगह तलाश कर नई बस्ती बसाने की जिम्मेदारी का पालन करना पड़ता था।[33] इस प्रकार, 1835 के बाद सन्तालों के भारी संख्या में आगमन ने कम्पनी शासन का ध्यान दामिन-ए-कोह क्षेत्र की ओर आकर्षित किया। 1837 में मि. पोंटेट को दामिन-ए-कोह क्षेत्र का प्रथम सुपरिंटेंडेंट बनाया गया।[34] पोंटेट ने राजस्व वृद्धि हेतु निर्जन जंगलों की घाटियों की उपजाऊ मिट्टी का उपयोग करने के उद्देश्य से सन्तालों को जंगल साफ कर खेत बनाने को प्रोत्साहित किया था। उन्होंने समूचे दामिन-ए-कोह क्षेत्र में महत्त्वपूर्ण स्थानों पर निरीक्षण भवन और सड़कें बनवाईं तथा हाट भी लगवाए।

इस प्रकार पहाड़िया के साथ-साथ सन्तालों को भी दामिन-ए-कोह का अधिकृत निवासी बना दिया गया एवं पहाड़िया समुदाय पर लागू सारे उपबन्ध सन्तालों पर भी लागू किये गए जो वर्तमान समय तक जारी हैं। सम्पूर्ण दामिन-ए-कोह क्षेत्र को कार्नवालिस के स्थायी बन्दोबस्ती से भी मुक्त रखा गया।

लड़ाकू पहाड़िया जनजातियों द्वारा इस क्षेत्र में सन्तालों के आप्रवासन (1790-1810) का पुरजोर विरोध किया गया था।[35] परन्तु अंग्रेज राजस्व अधिकारियों द्वारा सन्तालों को सहयोग एवं प्रोत्साहन मिला। अंग्रेज उस समय तक वहाँ के पहाड़िया समुदाय से किसी प्रकार का राजस्व प्राप्त करने में असफल रहे थे। दामिन-ए-कोह के उत्तर-पूर्वी क्षेत्र में भारी संख्या में आने से वहाँ सन्तालों के सैकड़ों नये-नये गाँव बस गए और वहाँ व्यापारियों और महाजनों का भी आगमन हुआ। कालान्तर में रेवेन्यु कर्मचारियों से मिलकर वे सन्ताल का शोषण करने में जुट गए। सन्तालों को पीढ़ी-दर-पीढ़ी गुलामों की तरह रखने हेतु महाजनों ने 'कमिऔति'[36] प्रथा को स्थापित कर लिया था और उनके जानवर, कृषि उपज के अलावा पुश्तैनी जमीन पर भी अपना अधिकार जमा लिया था।[37] सन्ताल यथासम्भव अपने आसपास के शोषक हिन्दू समुदायों से दूर रहना ही पसन्द करते हैं। परन्तु व्यापारिक गतिविधियों और आर्थिक जरूरतों ने उन्हें हिन्दू व्यापारी वर्ग के नजदीक आने को मजबूर किया। सन्ताल समुदाय व्यापारिक मामलों में पूर्णत: अज्ञानी एवं स्वभाव से ईमानदार होने के कारण सहज ही सूदखोर व्यापारी वर्ग के जाल में फँस जाते थे। हर साल सर्दियों में सन्ताल गाँवों में महाजनों की भीड़ आकर बैठ जाती और उनकी उपज को ऋण अदायगी के तौर पर वे झपट लेते।[38] विरोध की कहीं कोई गुंजाइश नहीं होती थी। स्थानीय प्रशासन इन महाजनों एवं दबंग व्यापारियों के अधीन थे। अत: उनके आगे सन्ताल आत्मसमर्पण करने को तैयार हो जाते थे। इस प्रकार सन्तालों की मेहनत की उपज कुछ ही दिनों में मैदानी क्षेत्रों में आकर जमा हो जाती थी और पहाड़ियों पर बसे ये श्रमजीवी पुन: जंगलों में भटकने लगते और अगले फसल की तैयारी में तल्लीन हो जाते थे। उपज का अधिकांश भाग इन साहूकारों के पेट में चला जाता और श्रम करनेवाले सन्तालों की जिन्दगी भूखे रहकर या जंगल के कन्दमूल से पेट भरकर गुजरती थी। इस भीषण समस्या का कहीं से कोई निदान नजर नहीं आ रहा था। असन्तोष दिन-प्रतिदिन बढ़ता ही जा रहा था। चारों तरफ से भय एवं निराशा के माहौल में इस प्रताड़ित समुदाय ने प्रशासन से बहुत बार आवेदन-निवेदन किया। लेकिन कम्पनी शासन के द्वारा किये गए कानूनी प्रयासों के बावजूद यहाँ के सन्तालों पर बंगाली एवं हिन्दू साहूकारों का अत्याचार उन दिनों खूब हुआ था। महाजनों का दमनचक्र थमने का नाम नहीं ले रहा था। 'कमिया' बनकर वर्ष-भर महाजन मालिकों की बेगारी करना और फिर भी उनका ऋण सदा जंगली घास की तरह बढ़ते जाना और अगली पीढ़ी को भी उसी नर्क भरी जिन्दगी जीने को बाध्य किया जाना मानो

सन्ताल समुदाय की नियति बन गई थी। इस असहाय समुदाय के लिए कोई मददगार नजर नहीं आ रहा था।[39] अंग्रेजी शासन को सिर्फ राजस्व वृद्धि की चिन्ता थी। उनके स्थानीय बिचौलिये एवं सरकारी अमले सम्पूर्ण सन्ताल परगना क्षेत्र में हो रहे बर्बर अमानुषिक कारनामों से सरकार को बेखबर रखते थे। लेकिन पीड़ित सन्ताल समुदाय चुप होकर बैठे नहीं थे। उन्होंने भीतर-ही-भीतर अपने अस्तित्व की लड़ाई लड़ने की ठान ली थी। कई परगनों से कुछ पारम्परिक मांझी जुटकर अपनी व्यथा पर चिन्ता व्यक्त करते और निदान के उपाय सोचते रहते थे। कई तो अपने पूर्व स्थान में रह रहे जानकारों से भी मिलने का विचार कर रहे थे। क्रान्ति आरम्भ करने से पूर्व समस्त मामलों पर विचार करने हेतु कई बार वे दल बनाकर हजारीबाग भी आए थे जहाँ उनके प्राचीन वासस्थान एवं मारंग बुरु थे।[40] यहाँ से लौटने के पश्चात ही अन्तिम संघर्ष यानि 'हूल' का निर्णय लिया गया था।

शुरुआती दौर में महाजनी अत्याचार के खिलाफ उठे विरोध को कार्य-रूप देने के लिए चम्पाइ मांझी, हड़मा देस मांझी, गरबु मांझी, साम परगना जैसे कई पारम्परिक प्रधान लोग मिलकर गाँव-गाँव घूमकर भावी आन्दोलन की तैयारी में जुट गए थे।[41] इनके कुशल नेतृत्व एवं प्रशिक्षण से सन्ताल वीरों में प्रबल ताकत का संचार हो चुका था। विद्रोह करने से पूर्व इन सन्ताल नेताओं द्वारा भागलपुर एवं बीरभूम के सम्भागी अधिकारियों को लिखित शिकायत-पत्र देकर अपनी भावनाओं से अवगत करा दिया गया था। सन्ताल नेताओं की ओर से कृषि-कर की दरें खुद से तय की गईं और सभी अत्याचारी महाजनों और पुलिस दारोगाओं को सन्ताल क्षेत्र से खदेड़ देने अथवा मार डालने का संकल्प लिया गया था।[42]

सन् 1854, इस दमित किये गए समुदाय के लिए परिवर्तन का सूर्योदय साबित हुआ। कम्पनी शासन सन्ताल परगना के पार्श्ववर्ती करीब 200 मील लम्बी रेल लाइन बिछानेवाली थी[43] जिसमें मजदूरों की भारी आवश्यकता होनेवाली थी। बंगाल के निम्नतम क्षेत्रों में खेतिहर-मजदूर इस हाड़तोड़ श्रम से जुड़ना नहीं चाह रहे थे। कम्पनी राज के लिए पहाड़िया जनजाति से श्रमिक के रूप में काम लेना सम्भव नहीं लगा तो अन्ततः ये मौके सन्ताल समुदाय को प्राप्त हो गए। हजारों सन्ताल श्रमिकों (जिनमें औरत और बच्चे भी शामिल थे) को जमींदारों और महाजनों के चंगुल से बचकर जिन्दगी जीने की नई राह मिल गई थी। यहाँ हजारों कामगारों की जरूरत थी। हालाँकि जमींदारों और महाजनों के चंगुल से मुक्त होना इनके लिए कतई आसान काम नहीं था। परन्तु देर से ही सही पर 'कमिऔति'[44] बेगारी-गुलामी से आजादी की दमित इच्छा उनके अन्दर सुलगने लगी थी और सन्ताल बस्तियाँ विद्रोह करने हेतु हिम्मत जुटाने लगी थीं। हूल का उद्देश्य प्रारम्भ में महाजनों द्वारा की जा रही भयंकर लूट से सन्ताल किसानों की जल-जंगल-जमीन बचाने की लड़ाई थी।[45]

क्षेत्र और आन्दोलन

'दामिन-ए-कोह' क्षेत्र के लिए उस दौर में अंग्रेज सरकार का मात्र एक ही अधिकारी पदस्थापित था।[46] ऐसा प्रतीत होता था कि उसे सिर्फ वहाँ से राजस्व जुटाने की जिम्मेवारी मिली थी। महाजनों के अत्याचार से सन्तालों की रक्षा करनेवाला न्यायालय उनकी पहुँच से दूर था और चाहकर भी सन्ताल किसी प्रकार से न्याय पाने की भागदौड़ करने में अक्षम हो जाते थे। परन्तु चम्पाइ मांझी, हड़मा देस मांझी, साम परगना, गरबु मांझी जैसे कुछ लोगों की सरकारी अमलों के यहाँ उठ-बैठ होने के कारण जान-पहचान बन गई थी।[47] मांझी और परगनैत[48] जैसे स्वशासन व्यवस्था के महत्त्वपूर्ण पदों पर रहने के कारण समय-समय पर वे कई झगड़ों का निपटारा करने के लिए नायब, सुबा आदि की कचहरी में जाया करते थे।[49] इस प्रकार चम्पाइ मांझी बाहर की दुनिया से धीरे-धीरे परिचित होने लगे थे और अपने समुदाय की भीषण स्थिति से बाहर के गाँवों के सन्तालों की तुलना करने लगे थे। इससे उन सबों के अन्दर एक प्रकार की असहजता और बेचैनी होने लगी थी। अब उन्हें महाजनों का आतंक और घनघोर बेईमानी स्पष्ट समझ में आने लगी थी।

आतंक के पर्याय बने इन महाजनों से बचने का उन्हें कोई उपाय नहीं सूझ रहा था। सामाजिक परम्परा के मुताबिक हड़मा को पचुआड़ा परगना का 'देस मांझी' बनाया गया था। अपने पुत्र हड़मा के माध्यम से चम्पाइ मांझी ने अपने समुदाय के बीच कई मांझी हाड़ामों की बैठकें कराईं। उन्होंने बैठकों के माध्यम से अपने लोगों को महाजनों के चंगुल में न पड़ने का सुझाव दिया।[50] परन्तु अपनी जमीन लुटाकर भूमिहीन हो चुके अधिकांश सन्तालों के पास महाजनों की शरण में जाने या निचले मैदानी क्षेत्रों की ओर पलायन करने के सिवाय कोई चारा नहीं बचा था। बरहेट के निकट पंचकठिया, सारमी, पचुआड़ा, आमड़ापाड़ा आदि अनेक जगहों पर छोटी-छोटी सभा करके ये लोग सन्तालों के बीच स्वाभिमान जगाने में काफी लम्बे समय से जुटे हुए थे।[51] आखिरकार इन लोगों के अनवरत प्रयासों का सन्ताल समुदायों पर असर दिखने लगा। दामिन-ए-कोह घेरे के अन्दर बसे अनेक सन्ताल गाँवों में चम्पाइ मांझी, साम परगना एवं अन्य साथियों की अगुआई में महाजनी शोषण के विरुद्ध नगाड़े बजने लगे थे। मशाल जलाकर पेड़ों में बाँध दिया जाने लगा था जो इनके द्वारा की जानेवाली बैठकों का सूचक हुआ करती थी। आगे चलकर कई क्षेत्रों में सूदखोर महाजनों के विरुद्ध हिंसक प्रतिक्रिया का दौर आरम्भ हो गया। 1854 के बाद से ही सन्ताल गाँवों में असहज स्थितियाँ दिखने लगी थीं। कुछ उत्साही सन्तालों द्वारा रात में गिरोह बनाकर महाजनों और जमींदारों के घरों पर धावा करना और लूटकर जंगल में छुप जाना जैसी घटनाएँ अंजाम दी जाने लगी थीं।

जनवरी, 1855 से इन घटनाओं ने जोर पकड़ लिया। पाकुड़ क्षेत्र में अचानक दो महाजनों के घर गैंग-डकैती की गई जिसे सरकार ने सूदखोर-महाजनों के अत्याचार के प्रतिक्रियास्वरूप समझकर आरोपियों को रिहा करने का आदेश दे दिया।[52] महाजनों द्वारा ऐसी घटनाओं की पुनरावृत्ति की आशंका से सरकारी अमले को आगाह किया गया। पश्चिम-मध्य भाग में अवस्थित पहाड़ी गाँवों में सन्तालों की भरपूर आबादी थी जिनके पड़ोसियों में कुछ स्थानों पर भुइयां, घटवार, कुड़मि, बाउरी आदि समुदाय (अन्य 'सेमी-एबोरिजिनल द्रविड़यन' जनजातियाँ) तथा कुछ ग्वाला एवं मुसलमान भी जो राजस्व प्रताड़ना से शोषित हो रहे थे, वे भी बगावत करने को उतारू होने लगे थे।[53] इस कारण दामिन क्षेत्र से सटे निचले मैदानी क्षेत्रों के ये समुदाय भी इस दौर में हुए संघर्ष के सहभागी बने थे। इनमें बेचू राउत[54] (एक ग्वाला लड़ाका) तथा चानकु महतो (एक कुड़मि परगनैत पदधारी विद्रोही) ने अपने क्षेत्र में हूल का नेतृत्व भी किया और राजस्व वसूली बन्द करवा दी।[55] चानकु महतो को 15 मई, 1856 में गोड्डा में कजिया नदी के किनारे एक बरगद के पेड़ पर लटकाकर फाँसी दी गई थी।[56] छिटपुट झगड़े, विरोध, लूटपाट और झगड़ों ने क्रान्ति की चिनगारी का काम किया। स्थानीय प्रशासन भ्रष्ट और अत्याचारी था तथा सरकारी अमला हमेशा महाजनों के उपकारों से दबा हुआ रहता था। गरीब और लाचार श्रमजीवी समुदायों पर अत्याचार की अति हो चुकी थी। वे आगे चलकर मुक्ति का मार्ग तलाशने का मन बना चुके थे।

अंग्रेज कमिश्नर को सिर्फ राजस्व वसूली में दिलचस्पी थी। उनको स्थानीय जन समस्याओं से सरोकार नहीं था।[57] अगर किसी प्रकार की सूचना आती तो समाधान के लिए सोचने में ही काफी विलम्ब किया जाता और प्रार्थी को न्याय मिलना सम्भव नहीं हो पाता। अन्ततः तंग आकर इस दमित समुदाय ने स्वयं ही न्याय करने की ठान ली थी। अपने लोगों से राजस्व की वसूली भी उन्हें खुद ही करने की ठान ली थी। धनुष-बाण और टाँगी-फरसे से हथियारबन्द होना और लम्बी लड़ाई लड़ना अब उनकी नियति बननेवाली थी। यद्यपि विद्रोही सन्ताल चाहते थे कि उनके कष्टों और दुखों का कम्पनी शासन निवारण कर दे, पर शासन तक उनकी पहुँच नहीं बन पाती थी।[58] अतः यह आखिरी उपाय था कि वे अपना न्याय खुद ही कर लें।

भोगनाडीह में चुनु मांझी[59] के चार भूमिहीन पुत्रों—सिदो, कानू, चाँद और भैरव विद्रोह की कमान सँभालने को आगे आए। भोगनाडीह के इन चारों भाइयों ने अपने गुरुजनों, पुरखों एवं देवताओं से प्राप्त सन्देशों को हजारों सन्तालों को सुनाया और अपने कौम के रक्षार्थ इन आज्ञाकारी जंगल-पुत्रों की भीड़ मर-मिटने को उद्यत हो गई।[60] पूरे सन्ताल परगना क्षेत्र को महाजनी आतंक से मुक्त करना विद्रोहियों का एकमात्र उद्देश्य बन गया। विद्रोह की सूचना छोटानागपुर के हजारीबाग तक हो गई जब हूल के आरम्भ होने से पूर्व सिदो-कानू समेत दर्जन भर-से अधिक सन्ताल

विद्रोहियों का दल हजारीबाग स्थित 'सुबा'[61] के पास अपना पक्ष रखने पैदल गया था।[62] दल में सिदो, कानू, चाँद, भैरव, मुनका मांझी, कबिआ मांझी, रंजीत परगनैत, अर्जुन मांझी, नारायण मांझी, सुराइ मांझी आदि को चम्पाइ मांझी ने भेजा था।[63] वे चाहते थे कि सुबा भी यहाँ के महाजनों और सरकारी अमलों के द्वारा किये जा रहे असहनीय अत्याचारों से अनभिज्ञ ना रहें और अपने स्तर से सन्तालों को न्याय दिलाएँ।

इस सन्दर्भ में कम्पनी शासन के समक्ष 25 नवम्बर, 1855 को मामले के गवाह बने दल के ही एक सदस्य रंजीत परगनैत (सारनी) के द्वारा दिया गया बयान इस प्रकार था :

"हजारीबाग से लौट आने के दस-बारह दिन बाद विद्रोह की शुरुआत हुई और कानू, सिदो, चाँद और भैरव ने खुद को ईश्वर प्रदत्त ठाकुर घोषित कर दिया।"

प्रश्न : "क्या सिदो, कानू, चाँद और भैरव अन्य सन्तालों के साथ हजारीबाग गए थे?"

उत्तर : "हाँ।"

प्रश्न : "कौन से सरदार हजारीबाग गए?"

उत्तर : "चम्पाइ मांझी (सारमी), सोना परगनैत (बड़कीकुड़ा), चुड़ा मांझी (बोंसी), समइ मांझी (आहलवारा), नारायन मांझी (बरहेट), सुरी मांझी (बरगाडीह), सुदन परगनैत (गुड़मुंडाबन) एवं और भी बहुत सारे..."[64]

विद्रोह का वृत्तान्त

करीब पाँच दशकों से अधिक समय से चली आ रही 'कमिऔति' बेगार प्रथा के कारण 1854 के उत्तरार्द्ध में दामिन-घेरे के अन्दर रह रहे सन्तालों का क्षेत्र अशान्त हो चुका था।[65] चम्पाइ मांझी जैसे कई विद्रोही स्वभाव के लोगों के अन्दर कुछ करने की भावना प्रबल हो रही थी। परन्तु वे बाहर से शान्त दिख रहे थे। गाँव के लोगों में भी भयानक असन्तोष दिख रहा था। अधिकतर जगहों में पहाड़िया समुदाय भी सन्तालों के लिए समस्या बने हुए थे। अन्य स्थानों के साथ-साथ पचुआड़ा क्षेत्र भी ऐसी ही परिस्थितियों से गुजर रहा था। चम्पाइ मांझी इस दौरान आसपास के कई गाँवों का दौरा कर रहे थे और शोषित लोगों के बीच संघर्ष के बीज बो रहे थे। उनके कई साथी भी इस काम में जोर-शोर से लगे हुए थे। परन्तु ऐसे अभियानों को गोपनीय रूप से अंजाम दिया जा रहा था ताकि महाजनों को इसकी खबर ना लगे। वे सखुआ पेड़ की डाली द्वारा अपने सन्देश पहुँचाते और अगले मीटिंग की सूचना देते थे। स्थान एवं समय का पता सखुवे की टहनियों और पत्तों के माध्यम से ही हो जाता था। लेकिन जंगल तराई क्षेत्र के माल पहाड़िया समुदाय के लिए यह समस्या नहीं थी क्योंकि उन्हें पहले से ही कई प्रकार के पुलिस-कानून एवं अदालती, सरकारी संरक्षण प्राप्त थे।[66]

सन्ताल के गाँवों में एक बड़ी क्रान्ति होनेवाली थी मगर उसका आभास प्रशासनिक अमले को नहीं था। यहाँ के सन्तालों पर महाजनों का शोषण एवं कम्पनी शासन का राजस्व, दोनों के कहर ढाने की स्थिति में इन असहाय जंगल-पुत्रों के समक्ष चम्पाइ मांझी एक अवतार के रूप में उभरे थे। उन्होंने क्षेत्र में विकराल रूप धारण कर चुके महाजनी शोषण का विरोध करने में अग्रणी भूमिका निभाने का संकल्प ले लिया था।

महाजनी शोषण की कोख से उत्पन्न प्रतिकार में खड़े विद्रोहियों की अग्रिम पंक्ति में चम्पाइ मांझी, साम परगना, मुनका मांझी, अर्जुन मांझी, नारायण मांझी आदि से प्रशिक्षित होकर सिदो, कानू, चाँद, भैरव आदि के साथ हजारों वीर अपने समुदाय के प्रति हो रहे अत्याचार के विरुद्ध बिगुल फूँकने आगे आए। अपने ऊपर हो रहे दमन की दास्तान सुनाने हजारीबाग जानेवाले विद्राहियों के दल की चम्पाइ मांझी ने अगुआई की थी एवं पूरे सन्ताल क्षेत्र में विद्रोह की मुनादी का प्रचार-प्रसार करवाने में चम्पाइ मांझी के ही कुशल नेतृत्व ने सारी व्यूह-रचना रची थी। उनके सभी साथियों ने चम्पाइ की अगुआई में विद्रोह का सूत्रपात किया और आगे चलकर महान 'हूल' ने कम्पनी शासन की नींव को हिलाकर रख दिया।

1855 का हूल (विद्रोह) सम्पूर्ण जंगल तराई क्षेत्र में लम्बे अरसे से चली आ रही अमानवीय यातना एवं हकमारी के विरुद्ध शोषित समुदायों का उठा विद्रोही स्वर था। इसकी शुरुआत एक तात्कालिक घटना से सम्बन्धित कही जाती है। इसका सम्बन्ध चम्पाइ मांझी के पैतृक गाँव दुमका जिले से लगभग 40 किलोमीटर उत्तर बाँसलोई नदी के तट पर बसे पिपरा (अधुना सिलिंगी) में हुई एक घटना को माना जाता है।[67] यह वास्तव में सिलिंगी पहाड़ की तलहटी पर एक खेत की रोपाई हेतु विवादित तालाब का पानी प्राप्त करने को लेकर हुआ झगड़ा था। पिपरा के चम्पाइ मांझी एवं उनके पुत्र हड़मा देस मांझी शिकार के शौकीन एवं दक्ष लड़ाका माने जाते थे।[68] चम्पाइ मांझी को औपचारिक शिक्षा नहीं मिली थी। परन्तु उनको पिता द्वारा जंगल में पाई जानेवाली अनेक जड़ी-बूटियों द्वारा विभिन्न बीमारियों को ठीक करने हेतु उपयोग करने का विधिवत ज्ञान प्राप्त हुआ था। अतः चम्पाइ मांझी खेती के अलावा घूम-घूमकर अपने क्षेत्र के लोगों को जड़ी-बूटियों द्वारा विभिन्न बीमारियों से निजात दिलाने का पैतृक कार्य भी करते थे। चम्पाइ के पुत्र हड़मा की सामाजिक कार्यों में रुचि और कर्मठता को देखते हुए उसे मांझी परगना स्वशासन व्यवस्था के अन्तर्गत 'पचुवाड़ा परगना'[69] का देस मांझी नियुक्त किया गया था। इस परगना के अन्तर्गत बाँसलोई नदी के इर्द-गिर्द बसे कुंडापहाड़ी, खटांगी, खड़कासोल, झुंझु, सड़खी, आलुबेड़ा, आमड़ाटोला, चिरुडीह, महुल डाबर आदि गाँव थे जिनमें सन्ताल समुदाय के अलावा कामार, कुड़मी, केवट, डोम, महली, भुँइया तथा पहाड़िया आदि समुदाय वास करते थे।[70] बरसात के समय अधिकांश गाँवों का सम्पर्क कट जाता तथा लोगों की रोजी-रोटी की समस्या बढ़ जाती थी। सिलिंगी की मिट्टी बलुई, चिकनी,

पथरीली एवं ऊबड़-खाबड़ थी जिसे जोत के लायक खेत बनाने के लिए सन्ताल समुदायों ने हाड़-तोड़ मेहनत की थी। यहाँ धान के अलावा कहीं-कहीं मकई, ज्वार, बाजरा जैसी भदई फसल भी उगाई जाती थी।

हड़मा देस मांझी सदैव अपने साथ टांगी लेकर चला करते थे।[71] फरसा, टाँगी एवं तीर-धनुष प्राय: सभी सन्ताल घरों के पारम्परिक हथियार होते हैं। सिलिंगी के अलावा चिरुडीह, पचुवाड़ा, महुलडाबर, ओड़मो आदि जंगल के अन्दर बसे आदिवासी गाँवों में किसी प्रकार के हिंसक जानवरों द्वारा हमला होने पर चम्पाइ एवं हड़मा को शिकार हेतु बुलाया जाता था। सिलिंगी में 1855 में ही अंग्रेजों द्वारा दामिन-ए-कोह डाकबँगला कोठी का निर्माण किया गया था।[72]

विवादित तालाब के उस झगड़े में, एक तरफ सिलिंगी पहाड़ के ऊपर बसे गाँव का बैजनाथ पहाड़िया था। उसे स्थानीय महाजनों का सहयोग मिलता था, बदले में वह उनके लिए सहयोगी एवं मुखबिर का कार्य करता था। सिलिंगी पहाड़ के ऊपर रहनेवाले पहाड़िया समुदाय एवं निचले तलहटी क्षेत्र में रहनेवाले सन्ताल किसानों में घने जंगलों से घिरे उस छोटे से तालाब की जमीन की दावेदारी को लेकर अनबन हुई थी। झगड़ा एक पीढ़ी पूर्व से ही चला आ रहा था। उस वर्ष धान बोने हेतु पहाड़ की तलहटी में बने खेतों तक पानी ले जाने के लिए चम्पाइ के बेटे हड़मा ने तालाब की मेड़ काट दी और रात-भर रखवाली हेतु वहीं पेड़ पर चढ़कर छिपा रहा।[73] रात में वहाँ कोई नहीं आया। सुबह दल-बल के साथ दोनों समुदायों के लोग आकर झगड़ने लगे और झगड़े ने हिंसक रूप धारण कर लिया। चम्पाइ मांझी के एक साथी लखन मांझी ने एक पहाड़िया आदिवासी पर तीर चलाकर उसे मार डाला। लखन मांझी भी घातक हमले में गम्भीर रूप से घायल हो गया था और कुछ दिनों बाद उसकी मृत्यु हो गई। पहाड़िया को मारने के जुर्म में चम्पाइ मांझी, हड़मा देस मांझी एवं गरबु मांझी को गिरफ्तार कर पुलिस पचुआड़ा बागान होते हुए पाडेरकोला के रास्ते भागलपुर जेल ले जा रही थी।[74] उनके गिरफ्तार होने की खबर सन्ताल गाँवों में तेजी से फैल गई। इस घटना से कुछ ही दिन पहले वे साम परगना, मुनका मांझी, अर्जुन मांझी, नारायण मांझी, सूरी मांझी आदि के साथ घूम-घूमकर कई गाँवों में जनसभा करके आए थे।

प्राय: सभी सन्ताल गाँवों के हालात एक जैसे हो चुके थे। सन्ताल परगना क्षेत्र के प्राय: हर गाँव में महाजनी शोषण के विरुद्ध असन्तोष की भावना उभरने लगी थी। महाजनी अत्याचार के खिलाफ उठे विरोध को कार्य-रूप देने के लिए चम्पाइ मांझी, हड़मा, गरबु, साम परगना आदि मिलकर गाँव-गाँव घूमकर भावी नेतृत्व को तैयार करने में जुट गए थे। विद्रोह सम्बन्धी जानकारियाँ गोपनीय रूप से साल की टहनी भेजकर दी जाती थी।[75] टहनी में लगे पत्तों से जुटान के दिन का पता चलता था।

आगे चलकर विद्रोह के मुख्य नायक बननेवाले इन दोनों सन्ताल भाइयों—सिदो और कानू ने समझ लिया था कि सन्ताल परगना ने एक ऐसा तूफान खड़ा कर दिया है जिसका नियंत्रण अब सम्भव नहीं था।[76] हजारों विद्रोही मरने-मारने को उतारू थे। बरहेट से लगभग दो मील उत्तर पंचकठिया नामक स्थान पर विशाल बरगद के नीचे 10 हजार से अधिक सन्ताल जमा हुए।[77] सन्तालों की गतिविधियों से घबड़ाए महाजनों ने सिदो, कानू, चाँद और भैरव चारों पर डकैती का झूठा केस दर्ज करवाकर उन्हें गिरफ्तार करवाने का दबाव बनाया। सिदो और कानू ने विचार-विमर्श कर अन्ततः 30 जून, 1855 के दिन 'हूल' की घोषणा कर दी।[78] घोषणानुसार विद्रोही सन्ताल वीरों ने भागलपुर एवं कोलकाता की ओर आगे बढ़ने का निर्णय लिया था। हूल आरम्भ होने के दिन तक 30,000 से अधिक विद्रोही अपने रसद-पानी के साथ इस सशस्त्र अभियान का हिस्सा बन चुके थे।[79] आन्दोलनकारियों द्वारा पंचकठिया में दारोगा को घेरकर चम्पाइ मांझी, हड़मा एवं गरबु मांझी को छोड़ देने का आदेश दिया गया।[80] भीड़ की ताकत को अनदेखा करते हुए एवं मूर्खता का परिचय देते हुए दारोगा ने अपने सिपाहियों को आदेश दिया कि वे फौरन सिदो, कानू, चाँद, भैरव को बन्दी बना लें। आदेश के विरुद्ध त्वरित प्रतिक्रिया हुई और सिदो के इशारे पर दारोगा एवं उनके सिपाहियों को सन्ताल विद्रोहियों की भीड़ ने घेर लिया और दारोगा एवं उनके सभी नौ सिपाहियों को मार डाला।[81] यह घटना भागलपुर ले जाने के क्रम में हुई। दारोगा एवं उनके सिपाहियों को मारने के पश्चात विद्रोहियों में उबाल बढ़ने लगा और उन्हें नेतृत्व प्रदान करने के लिए चम्पाइ मांझी, हड़मा देस मांझी, गरबु मांझी एवं साम परगना की देखरेख में सिदो एवं कानू ने विद्रोहियों को राजमहल की ओर बढ़ने का आवाहन किया। राजमहल की ओर जाने के क्रम में 11 जुलाई को प्यालापुर के निकट अंग्रेज सैनिकों की टुकड़ी से उनकी मुठभेड़ हुई।[82] मुठभेड़ में नेटिव इंफैंट्री के सिपाहियों का सन्ताल विद्रोहियों ने तीर-कमान द्वारा बहादुरी से सामना किया। परन्तु वहीं बहादुरी से लड़ते हुए चम्पाइ मांझी गोली लगने से गम्भीर रूप से घायल हो गए। उन्हें बचाने की कोशिश में कुछ साथी पहाड़ की ओर चले गए तथा विद्रोहियों के दल अपने अभियान के तहत आगे बढ़ते गए। चम्पाइ मांझी को बचाया न जा सका तो उन्हें पहाड़ में ही छोड़कर उनके साथीगण भी आगे बढ़ गए।[83]

हूल में हजारों की संख्या में विद्रोही मारे गए, जिनमें सन्तालों के अलावा अन्य जनजातीय भूमिपुत्र भी काफी संख्या में थे।[84] कोलकाता की ओर कूच करने के क्रम में दुमका के सीमान्त मसानजोर डैम से नीचे रानेश्वर स्थित आमजोड़ा घाट में मोराखी नदी पार करते समय अंग्रेज सैनिकों से खूनी मुठभेड़ हुई और विद्रोहियों के रक्त से मोराखी नदी का पानी लाल हो गया था। नदी-घाट से थोड़ी दूर आगे चलकर दिगुली गाँव के समीप एक तालाब पर विद्रोहियों को मारकर फेंक दिया गया था। उस तालाब को अभी भी 'सन्ताल काटा पोखर' नाम से जाना जाता है।[85]

आन्दोलन का प्रभाव

पीड़ित सन्ताल समुदायों के बीच अपने साथियों का सहयोग लेकर चम्पाइ मांझी द्वारा निरन्तर चलाए गए सामाजिक आन्दोलन से अनेक लोग जुड़े और सम्पूर्ण सन्ताल परगना क्षेत्र में बसे सन्ताल समुदाय में चेतना की लहर उमड़ पड़ी।[86] हूल के अग्रदूत रहे चम्पाइ मांझी जैसे अनेक वीर आदिवासी महानायकों को अपने जीवन का बलिदान देना पड़ा। विद्रोह को कुचलने के लिए कम्पनी सरकार को 'मार्शल लॉ' लागू करना पड़ा।[87]

विद्रोह का पूरे क्षेत्र पर व्यापक प्रभाव पड़ा। विद्रोह की समाप्ति के पश्चात की गई उच्च स्तरीय पड़ताल से यह स्पष्ट हुआ कि विद्रोहियों की शिकायतें पूर्णत: जायज थीं। अत: यह निर्णय लिया गया कि महाजनी प्रथा का क्षेत्र से उन्मूलन कर दिया जाना चाहिए। अनेक बंगाली महाजन इस विद्रोह का शिकार हुए और अनेक को क्षेत्र छोड़ देना पड़ा। 1855 के अधिनियम 37 को अमली जामा पहनाया गया और भागलपुर एवं बीरभूम के मध्य स्थित इस पूरे अशान्त क्षेत्र को नॉन-रेगुलेटिंग डिस्ट्रिक्ट घोषित कर दिया गया।[88] इस क्षेत्र का नया नामकरण 'सन्ताल परगना' के रूप में कर दिया गया जिसमें दुमका, देवघर, गोड्डा, राजमहल को उप-सम्भाग घोषित कर दिया गया।[89] इन क्षेत्रों में सभी प्रकार के प्रशासनिक अधिकारों को सीधे तौर पर डिप्टी कमिश्नर के अधीन कर दिया गया। यह भी सुनिश्चित किया गया कि सन्ताल आगे चलकर किसी प्रकार का विद्रोह न करें। विद्रोह की समाप्ति के बाद अत्याचारी महाजनों पर भी कानूनी कार्रवाई की जाने लगी। उनके द्वारा की जानेवाली नाप-तौल सम्बन्धी गड़बड़ियों पर लगाम लगाई गई। 'कमिऔति' प्रथा समाप्त कर दी गई।[90] पहली बार सन्ताल किसानों ने अपनी उपज की खुले तौर पर हाटों में बिक्री की। बाद में रेगुलेशन द्वारा सन्तालों की जोत-जमीन को भी लुटने से रोक लगा दी गई। कम्पनी सरकार द्वारा किये गए कई प्रयासों ने सन्ताल तथा शोषित की गई अन्य जनजातियों के लिए पर्याप्त व्यवस्था कायम की। इसी कारण, 1857 के सिपाही विद्रोह में इनकी भागीदारी नहीं देखी गई।[91]

उपसंहार

सन्ताल हूल के सन्दर्भ में चम्पाइ मांझी का संघर्ष सन्ताल परगना के सामाजिक एवं राजनीतिक दृष्टिकोण से अत्यन्त महत्त्वपूर्ण कहा जा सकता है। निर्दयी महाजनों के बँधुआ बनकर जीने की त्रासदी से उबरने की छटपटाहट को चम्पाइ मांझी ने बहुत करीब से देखा था। उनकी सामाजिक गतिविधियों से सन्ताल समुदाय में जागृति की एक लहर उठने में कामयाबी मिली। उनकी दूरदर्शी सोच का यह परिणाम रहा कि

कर्मठ एवं सरल सन्ताल समुदाय भी अत्याचार के विरुद्ध अपनी ताकत को इकट्ठा करने में सफल रहा और चम्पाइ मांझी जैसे अनेक सन्ताल वीरों के बलिदानों से सन्ताल परगना की धरती गौरवान्वित हो सकी। उनके संघर्ष एवं शहादत का परिणाम यह रहा कि भारतीय स्वाधीनता संघर्ष के इतिहास के एक स्वर्णिम अध्याय के रूप में सन्ताल हूल की गिनती की जाने लगी। वास्तव में हूल एक प्रतिक्रियावादी आन्दोलन से आगे बढ़कर राष्ट्रीय फलक पर उभरकर भारतवर्ष में अंग्रेजों की सत्ता को चुनौती देनेवाला एक आन्दोलन बनकर सामने आया।

श्रमजीवी आदिवासियों पर दुनिया-भर में शोषण एवं अत्याचार होते रहे हैं और आज तक बदस्तूर जारी हैं। यहाँ आकर बसे इन सन्तालों के साथ भी नियति ने वही खेल रचा और दिन-रात श्रम कर अपनी दुनिया में ही सीमित रहनेवाले ये जंगल-पुत्र यहाँ के कथित सभ्य समाज के लिए आसानी से बँधुआ बना लिये गए थे। शोषण एवं अत्याचार ही इनके जीवन की पटकथा थी जो पीढ़ी-दर-पीढ़ी चलती थी। अन्याय के प्रतिकार में उत्पन्न विद्रोह एक स्वाभाविक प्रक्रिया है। सन्ताल परगना में उठा विद्रोह भी निरन्तर अन्याय एवं दमन के विरुद्ध आक्रोश की एक स्वत:स्फूर्त प्रतिक्रिया थी।

लेकिन जहाँ एक ओर 30 जून को हूल के आगाज ने समूचे सन्ताल परगना क्षेत्र में क्रान्ति की लहर पैदा कर दी वहीं क्रान्ति का आगाज करनेवाले अग्रणी वीर चम्पाइ मांझी को वर्तमान समाज उचित रूप में याद भी न रख सका। दुमका के गोपीकान्दर थानान्तर्गत सिलिंगी पहाड़ के इर्द-गिर्द बसे कुछेक गाँवों में ही उनके बारे में धुँधली-सी यादें शेष बची हुई हैं। उनके छठे पीढ़ी के वंशज रहे सोकोल मरांडी, सुनील मरांडी, सोनालाल मरांडी आदि को विभिन्न छोटे-बड़े कार्यक्रमों द्वारा हूल के इस प्रख्यात शहीद वीर को कथाओं में याद रखने का श्रेय दिया जा सकता है। परन्तु अत्यन्त निर्धनता में जी रहे इन शहीद वंशजों की सुधी लेनेवाला भी कोई नहीं है। सरकार द्वारा अभी तक इन वीर शहीदों पर कुछ भी उल्लेखनीय कार्य किया जाना शेष है।

सन्दर्भ

1. आर. कास्टेयर्स, *हड़मावाक आतो,* 2017, पृ. 23
2. वही
3. एल.एस.एस.ओ. मेलि, *बंगाल डिस्ट्रिक्ट गजेटियर : सन्ताल परगना,* 1999, पृ. 1
4. वही, पृ. 36
5. वही, पृ. 218
6. सरदार और मांझी का मध्यस्थ
7. सन्ताल समाज का ग्राम प्रधान
8. एल.एस.एस.ओ. मेलि, *बंगाल डिस्ट्रिक्ट गजेटियर : सन्ताल परगना,* 1999, पृ. 44
9. वही, पृ. 54

10. एल.एस.एस.ओ. मेलि, *बंगाल डिस्ट्रिक्ट गजेटियर : सन्ताल परगना,* 1999, पृ. 229
11. वही, पृ. 1
12. वही, पृ. 1
13. वही, पृ. 73
14. वही, पृ. 71
15. वही, पृ. 181
16. वही, पृ. 73
17. वही, पृ. 245
18. वही, पृ. 8
19. वही, पृ. 41
20. डब्ल्यू.डब्ल्यू. हंटर, *एनल्स ऑफ रूरल बंगाल,* 1868, पृ. 148
21. एल.एस.एस.ओ. मेलि, *बंगाल डिस्ट्रिक्ट गजेटियर : सन्ताल परगना,* 1999, पृ. 45
22. वही, पृ. 97
23. वही, पृ. 45
24. वही, पृ. 35
25. वही, पृ. 37
26. वही, पृ. 41
27. डब्ल्यू.डब्ल्यू. हंटर, *एनल्स ऑफ रूरल बंगाल,* 1868, पृ. 151
28. एल.एस.एस.ओ. मेलि, *बंगाल डिस्ट्रिक्ट गजेटियर : सन्ताल परगना,* 1999, पृ. 44
29. वही, पृ. 44
30. डब्ल्यू.डब्ल्यू. हंटर, *एनल्स ऑफ रूरल बंगाल,* 1868, पृ. 154
31. एल.एस.एस.ओ. मेलि, *बंगाल डिस्ट्रिक्ट गजेटियर : सन्ताल परगना,* 1999, पृ. 45
32. वही, पृ. 248
33. सन्ताली शोधकर्ता एवं तिनपहाड़ उ.वि. के प्राचार्य लोंउस हांसदा से दिनांक 21.12.2021 को लिया गया साक्षात्कार
34. एल.एस.एस.ओ. मेलि, *बंगाल डिस्ट्रिक्ट गजेटियर : सन्ताल परगना,* 1999, पृ. 44
35. वही, पृ. 35
36. वही, पृ. 47
37. ई.जी. मन, *सन्तालिया और सन्ताल,* 1989, पृ. 110
38. डब्ल्यू.डब्ल्यू. हंटर, *एनल्स ऑफ रूरल बंगाल,* 1868, पृ. 159
39. वही, पृ. 164
40. ई. लिस्टर, *हजारीबाग डिस्ट्रिक्ट गजेटियर,* 1917, पृ. 54
41. बी. बीरोत्तम, *झारखंड : इतिहास और संस्कृति,* 2020, पृ. 265
42. डब्ल्यू.डब्ल्यू. हंटर, *एनल्स ऑफ रूरल बंगाल,* 1868, पृ. 164
43. वही, पृ. 162
44. एक प्रकार की दास-प्रथा जिसमें महाजन अपने कर्जदार को आजीवन मुफ्त काम करवाता था।
45. एल.एस.एस.ओ. मेलि, *बंगाल डिस्ट्रिक्ट गजेटियर : सन्ताल परगना,* 1999, पृ. 52
46. वही, पृ. 46

47. साम परगना के वंशज निर्मल टुडू एवं चम्पाइ मांझी के वंशज सोकोल मरांडी से साक्षात्कार दिनांक 23.12.2021
48. मांझी से ऊपर का पारम्परिक पद
49. सोकोल मरांडी से साक्षात्कार दिनांक 23.12.2021
50. वही
51. वही
52. एल.एस.एस.ओ. मेलि, *बंगाल डिस्ट्रिक्ट गजेटियर : सन्ताल परगना,* 1999, पृ. 48
53. डब्ल्यू.डब्ल्यू. हंटर, *एनल्स ऑफ रूरल बंगाल,* 1868, पृ. 172
54. आई.के. चौधरी, *फ्रॉम रीजन टू नेशन,* पृ. 56
55. के.एस. सिंह, द *पीपुल ऑफ इंडिया,* 1981, खंड-16, भाग-2, पृ. 584
56. वही, पृ. 584
57. डब्ल्यू.डब्ल्यू. हंटर, *एनल्स ऑफ रूरल बंगाल,* 1868, पृ. 159
58. वही, पृ. 159
59. भोगनादिह में शहीद परिवार की पाँचवीं पीढ़ी के वंशज मंडल मुर्मू से दिनांक 22.12.2021 को लिया गया साक्षात्कार
60. डब्ल्यू.डब्ल्यू. हंटर, *एनल्स ऑफ रूरल बंगाल,* 1868, पृ. 163
61. कम्पनी शासन का एक देशी उच्च अधिकारी
62. जुडिशियल प्रोसीडिंग्स, खंड-303, दिनांक 6.12.1855, प. बंगाल राज्य अभिलेखागार, कोलकाता, पृ. 49-50
63. जुडिशियल प्रोसीडिंग्स, पृ. 49-50
64. वही
65. डब्ल्यू.डब्ल्यू. हंटर, *एनल्स ऑफ रूरल बंगाल,* 1868, पृ. 164
66. एल.एस.एस.ओ. मेलि, *बंगाल डिस्ट्रिक्ट गजेटियर : सन्ताल परगना,* 1999, पृ. 46
67. वंशज सोकोल मरांडी से दिनांक 24.12.2021 को लिया गया साक्षात्कार
68. वही, दिनांक 24.12.2021
69. चम्पाइ मांझी के वंशज सोकोल मरांडी एवं लखन मरांडी से दिनांक 24.12.2021 को लिया गया साक्षात्कार
70. वही
71. वही
72. प्राकृतिक आपदा के कारण पुरानी कोठी ध्वस्त हो जाने पर 1904 में नई कोठी निर्मित की गई जो अभी तक मौजूद है।
73. चम्पाइ मांझी के वंशज सोकोल मरांडी एवं लखन मरांडी से दिनांक 24.12.2021 को लिया गया साक्षात्कार
74. वही
75. डब्ल्यू.डब्ल्यू. हंटर, *एनल्स ऑफ रूरल बंगाल,* 1868, पृ. 164
76. वही, पृ. 164
77. एल.एस.एस.ओ. मेलि, *बंगाल डिस्ट्रिक्ट गजेटियर : सन्ताल परगना,* 1999, पृ. 49
78. डब्ल्यू.डब्ल्यू. हंटर, *एनल्स ऑफ रूरल बंगाल,* 1868, पृ. 164
79. वही, पृ. 165

80. चम्पाइ मांझी के वंशज सोकोल मरांडी एवं लखन मरांडी से दिनांक 24.12.2021 को लिया गया साक्षात्कार
81. डब्ल्यू.डब्ल्यू. हंटर, *एनल्स ऑफ रूरल बंगाल*, 1868, पृ. 165
82. एल.एस.एस.ओ. मेलि, *बंगाल डिस्ट्रिक्ट गजेटियर : सन्ताल परगना*, 1999, पृ. 50
83. चम्पाइ मांझी के वंशज सोकोल मरांडी एवं लखन मरांडी से दिनांक 24.12.2021 को लिया गया साक्षात्कार
84. डब्ल्यू.डब्ल्यू. हंटर, *एनल्स ऑफ रूरल बंगाल*, 1868, पृ. 172
85. दिगुली के पत्रकार गोतम चटर्जी से दिनांक 27.02.2022 को लिया गया साक्षात्कार
86. जुडिशियल प्रोसीडिंग्स, खंड-303, दिनांक 6.12.1855, प. बंगाल राज्य अभिलेखागार, कोलकाता, पृ. 49-50
87. डब्ल्यू.डब्ल्यू. हंटर, *एनल्स ऑफ रूरल बंगाल*, 1868, पृ. 173
88. एल.एस.एस.ओ. मेलि, *बंगाल डिस्ट्रिक्ट गजेटियर : सन्ताल परगना*, 1999, पृ. 58
89. वही, पृ. 54
90. डब्ल्यू.डब्ल्यू. हंटर, *एनल्स ऑफ रूरल बंगाल*, 1868, पृ. 175
91. एल.एस.एस.ओ. मेलि, *बंगाल डिस्ट्रिक्ट गजेटियर : सन्ताल परगना*, 1999, पृ. 54

चम्पाइ मांझी की वंशावली

- चम्पाइ मांझी
  - हड़मा देस मांझी
    - बड़ा भोगोन मांझी
      - नारायण मांझी
        - ××
      - हपना मांझी
        - भोगोली मरांडी
          - सुनील मरांडी
            - कलम मरांडी
    - छोटा भोगोन मांझी
      - लुखी मांझी
        - रगा मरांडी
          - लुखिराम म.
            - लुखी म.
        - पलटन म.
          - ××
            - सोकोल म.
        - बनलअ म.
          - सबरी
            - सोनाराम म.
        - झेगला म.
          - ××
            - पलटन म.

1905 में बना दामिन डाकबँगला, सिलिंगी, दुमका

बाँसलोई नदी में बह चुके पुराने पिपरा गाँव को दिखाते चम्पाइ मांझी के वंशज, सिलिंगी, दुमका

अपने पैतृक आवास में चम्पाइ मांझी के वंशज-परिवार के वर्तमान सदस्य, सिलिंगी

आर. कार्सटेयर द्वारा लिखी गई 'Harma's Village' का सन्ताली संस्करण

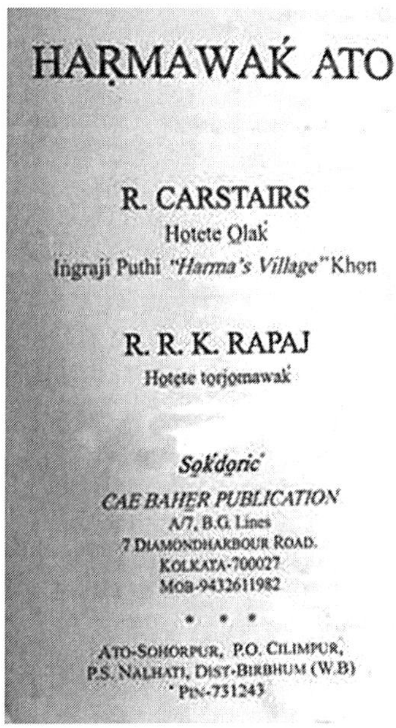

HARMAWAK ATO

R. CARSTAIRS

Hotete Olak

Ingraji Puthi *"Harma's Village"* Khon

R. R. K. RAPAJ

Hotete torjomawak

Sokdoric

CAE BAHER PUBLICATION

A/7, B.G. Lines

7 Diamondharbour Road.

Kolkata-700027

Mob-9432611982

* * *

Ato-Sohorpur, P.O. Cilimpur,

P.S. Nalhati, Dist-Birbhum (W.B)

Pin-731243

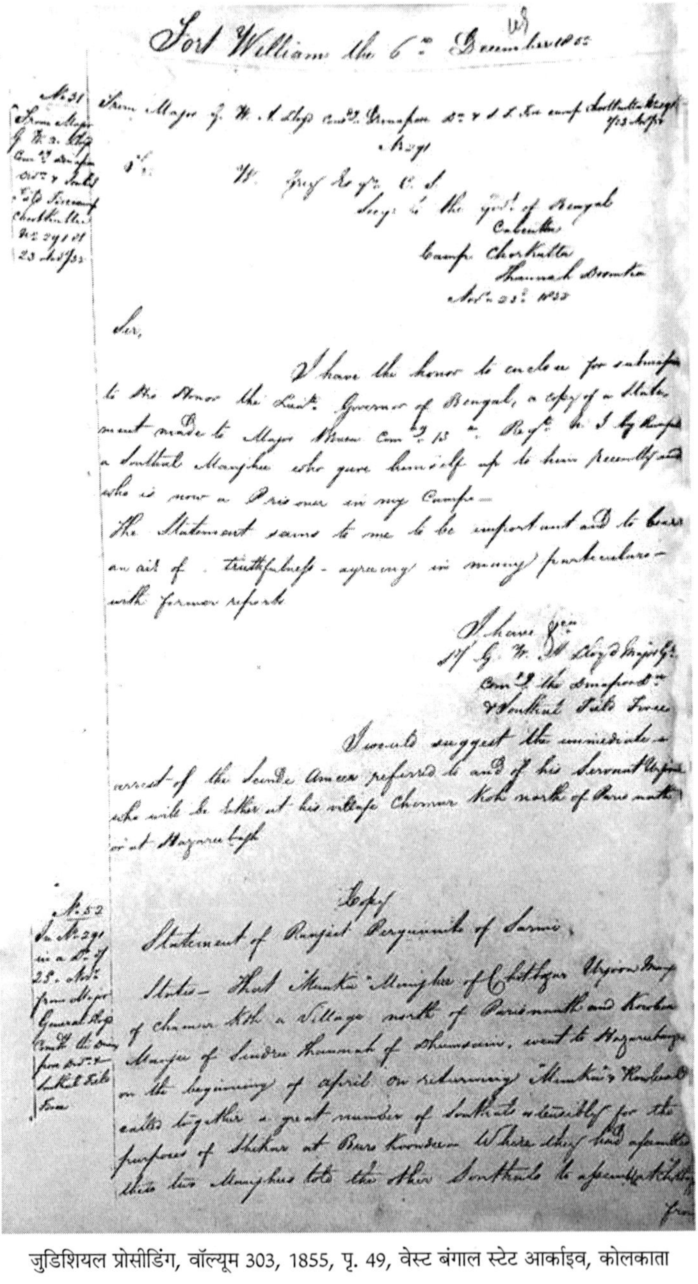

Fort William the 6th December 1855

No. 31
From Major G. W. A. Lloyd Comdg. Dinapore Divn. & Sonthal Field Force Chorkhatta No. 291 of 23 Novr/55

From Major G. W. A. Lloyd Comdg. Dinapore Divn. & S. F. Force camp Chorkhatta 23 Novr/55

No. 291

To

W. Grey Esq. C. S.
Secy. to the Govt. of Bengal
Calcutta

Camp Chorkatta
Hazareebagh [illegible]
Novr. 23rd 1855

Sir,

I have the honor to enclose for submission to the Honr. the Lieut. Governor of Bengal, a copy of a Statement made to Major Shaw Comdg. 13th Regt. N. I. by Ranjeet a Sonthal Manjhee who gave himself up to him recently and who is now a Prisoner in my Camp—

The Statement seems to me to be important and to bear an air of truthfulness — agreeing in many particulars with former reports

I have &c.
(Sd) G. W. A. Lloyd Major Genl.
Comdg. the Dinapore Divn.
& Sonthal Field Force

I would suggest the immediate arrest of the Scinde Ameer referred to and of his Servant [illegible] who will be either at his village Chamur Koh north of Paris-nath or at Hazareebagh

Copy

Statement of Ranjeet Pergunnite of Sarmi

No. 52
In No. 291 in a let. of 23 Novr. from Major General Lloyd Comdg. the Dinapore Divn. & Sonthal Field Force

States— That Munkoo Manjhee of Chittgur [illegible] of Chamur Koh a village north of Parisnath and Koorban Manjhee of Sindree [illegible] of [illegible], went to Hazareebagh in the beginning of April on returning Munkoo & Koorban called together a great number of Sonthals ostensibly for the purpose of Shikar at Baro Koondun Where they had assembled these two Manjhees told the other Sonthals to assemble [illegible]
from

जुडिशियल प्रोसीडिंग, वॉल्यूम 303, 1855, पृ. 49, वेस्ट बंगाल स्टेट आर्काइव, कोलकाता

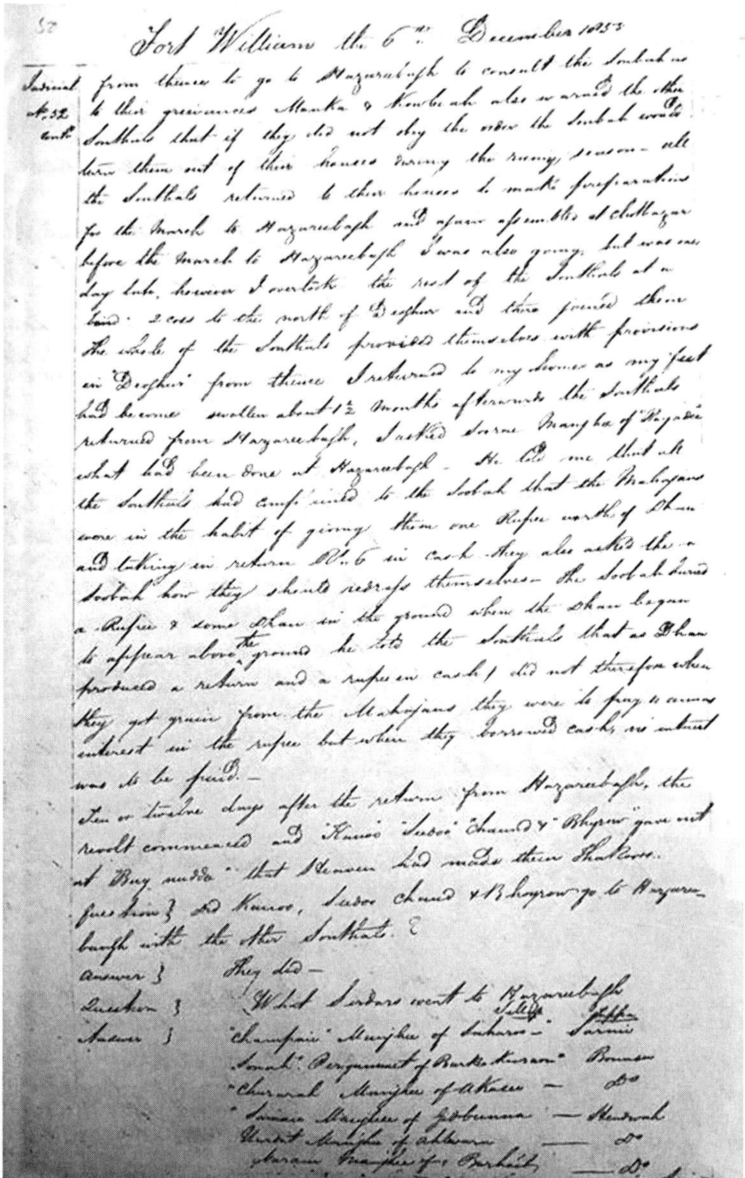

52

Fort William the 6th December 1855

Judicial No. 32 cont.

from thence to go to Hazareebaugh to consult the Soobah as to their grievances Manka & Koonbeah also warned the other Sonthals that if they did not obey the order the Soobah would turn them out of their houses during the rainy season — all the Sonthals returned to their houses to make preparations for the march to Hazareebaugh and again assembled at Chitbazar before the march to Hazareebaugh I was also going but was one day late, however I overtook the rest of the Sonthals at a [illegible] 2 coss to the north of Deoghur and there joined them. The whole of the Sonthals provided themselves with provisions in Deoghur from thence I returned to my house as my feet had become swollen about 1½ months afterwards the Sonthals returned from Hazareebaugh, I asked Soorae Manjhee of Hujadee what had been done at Hazareebaugh — He told me that all the Sonthals had complained to the Soobah that the Mahajans were in the habit of giving them one Rupee worth of Dhan and taking in return Rs. 6 in cash they also asked the Soobah how they should redress themselves — the Soobah buried a Rupee & some Dhan in the ground when the Dhan began to appear above the ground he told the Sonthals that as Dhan produced a return and a rupee in cash, did not therefore when they got grain from the Mahajans they were to pay 4 annas interest on the rupee but when they borrowed cash, no interest was to be paid.—

Ten or twelve days after the return from Hazareebaugh, the revolt commenced and Kanoo Seedoo Chand & Bhyrow gave out at Bugnuddee that Heaven had made them Thakoors.

Question} Did Kanoo, Seedoo Chand & Bhyrow go to Hazareebaugh with the other Sonthals?

Answer} They did —

Question} What Sirdars went to Hazareebaugh

Answer} Champai Manjhee of Sahara — Soorae
Somah Pergunnait of Burkatoran — Bonnee
Chumal Manjhee of Akhoee — Do
Sirai Manjhee of Jobonna — Handwah
Ulaut Manjhee of Akhoee — Do
Naram Manjhee of Burhait — Do

जुडिशियल प्रोसीडिंग, वॉल्यूम 303, पृ. 50, 1855, वेस्ट बंगाल स्टेट आर्काइव, कोलकाता

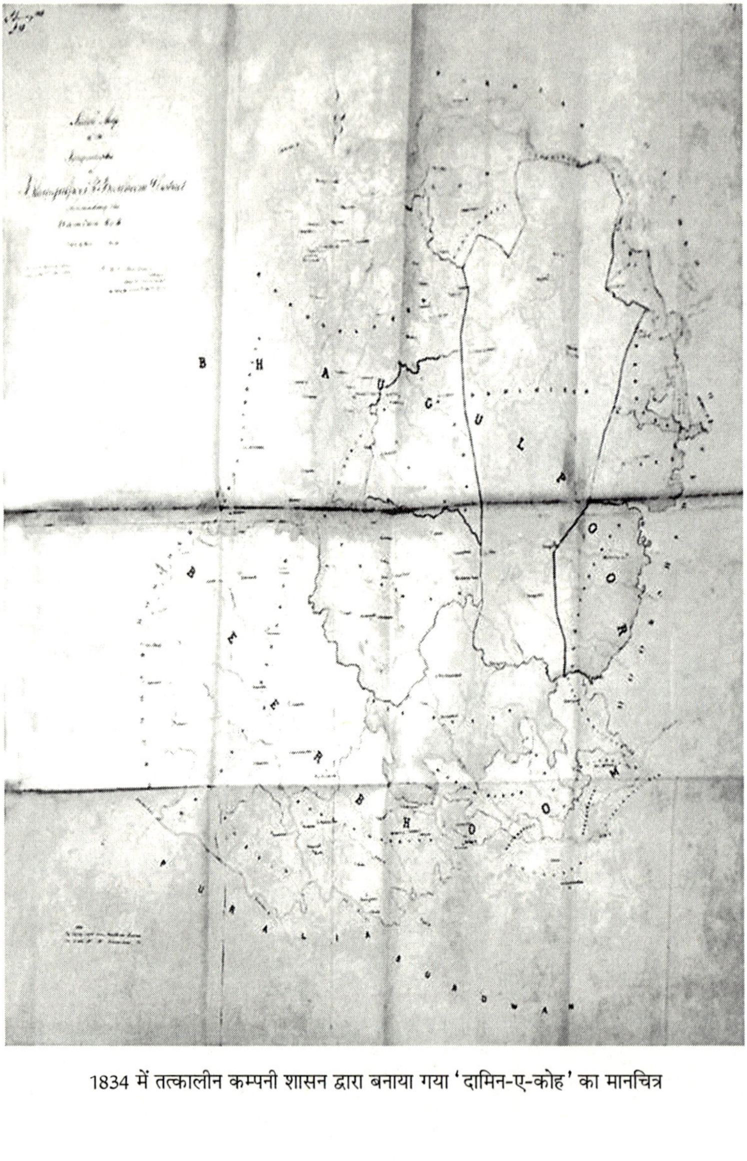

1834 में तत्कालीन कम्पनी शासन द्वारा बनाया गया 'दामिन-ए-कोह' का मानचित्र

शहीद शाम परगना

जेनी टोप्पो

आदिवासी समाज का केन्द्रबिन्दु जल-जंगल-जमीन से उसका जुड़ाव है। जब-जब इस पर आक्रमण हुआ, तब-तब इसके जवाब में क्रान्ति हुई है। इन्हीं क्रान्तियों में से कई महान नायक उभरे, कुछ नामचीन रहे पर कुछ इतिहास के पन्नों में दर्ज नहीं हो पाए। इन्हीं में से एक थे सन्ताल परगना के पाडेरकोला गाँव (आमड़ापाड़ा प्रखंड) के शाम टुडू जिन्होंने 1855 के हूल को अपनी कुशल नीति से बल प्रदान किया। वह सिदो-कानू (कान्हू) के सलाहकार और प्रेरणास्त्रोत थे जिनके मार्गदर्शन एवं नीति-निर्देशन में सिदो-कानू के द्वारा भोगनाडीह में 10,000 विद्रोही लोगों का नेतृत्व किया गया था। सिर्फ तीर, धनुष, भाला, बरछा, तलवार से हमला करनेवाले सन्ताल विद्रोहियों का यह हूल इतना उग्र था कि इसका दमन करने के लिए अंग्रेज सरकार द्वारा मार्शल लॉ (फौजी कानून) लागू किया गया। विद्रोह का परिणाम यह रहा कि सन्ताल परगना जिले का निर्माण हुआ और इसी के साथ सन्ताल परगना एक्ट, 1855 का प्रारूप भी तैयार किया गया। इन तथ्यों को सत्यापित करने के लिए अभिलेखागारों में खोज-पड़ताल के साथ द्वितीयक स्त्रोतों से जानकारी इकट्ठा कर शाम परगना के वंशजों, सिदो-कानू के वंशजों एवं चम्पाइ मांझी के वंशजों का साक्षात्कार लिया गया है।

परिचय

सन् 1855 में सन्ताल परगना के क्षेत्र में उठा हूल भारतीय स्वाधीनता संग्राम के इतिहास का एक स्वर्णिम अध्याय है। 'हूल' एक सन्ताली शब्द है जिसका अर्थ होता है क्रान्ति[1]। सन्ताल विद्रोहियों का यह हूल लम्बे समय से चली आ रही शोषण, अत्याचार, भेदभाव एवं यातना के विरुद्ध एक स्वाभाविक प्रतिक्रिया के रूप में

सशस्त्र संघर्ष के रूप में उभरी जनक्रान्ति थी। स्वभाव से सीधे, सरल और मेहनती इन सन्तालों को महाजनों एवं निर्दयी जमींदारों के दमनचक्र ने बद्तर हालात में ढकेल दिया था। ऊपर से इन महाजनों की अंग्रेजी शासन के सरकारी अमलों के साथ घनिष्ठता थी। अतः शोषितों को न्याय मिलने की कोई उम्मीद नहीं होती थी। दामिन-ए-कोह क्षेत्र के जंगलों में बसे सन्ताल गाँवों में महाजनों और जमींदारों की मनमाना घुसपैठ प्रशासनिक अमलों की शह पर होती थी। शहीद शाम परगना टुडू की जन्मस्थली, पाकुड़ जिले के आमड़ापाड़ा अंचल का पाडेरकोला गाँव भी इससे अछूता नहीं था।

गाँव का नाम पाडेरकोला पड़ने के पीछे भी अपना एक अलग रोचक तथ्य है। मसूदी टुडू, जो शाम परगना के वंशज हैं, ने बातों के क्रम में बताया कि पाडेरकोला गाँव का नाम दो शब्दों से मिलकर बना है। 'पाडेर' एवं 'कोला' जिसका सन्ताली भाषा में अर्थ होता है 'फलों का क्षेत्र'। पाडेर सन्ताल परगना के पहाड़ी इलाकों में पाया जानेवाला एक प्रकार का जंगली फल होता है जिसका रंग हरा और उसके ऊपर की परत चिकनी होती है। इसे कच्चा एवं पकाकर सब्जी के रूप में खाया जाता है। प्रवास क्रम में इन क्षेत्रों में पाडेर फल की पर्याप्त उपलब्धता के कारण सन्ताल यहाँ ठहरे और आसपास के जंगलों को साफ कर खेत बनाने लगे और इस क्षेत्र का नाम पाडेरकोला रखा गया। यह जिला मुख्यालय पाकुड़ से पश्चिम की ओर 35 किमी. और राज्य की राजधानी राँची से 311 किमी. की दूरी पर स्थित है[2]। यह स्थान पाकुड़ जिले और दुमका जिले की सीमा में है। किशुन टुडू जो गाँव के मांझी हड़ाम[3] (ग्रामप्रधान) हैं, बताते हैं कि गाँव की वर्तमान आबादी करीब 1200 है जिसमें सन्ताल के अलावा मुसलमान, हिन्दू, केवट, कामार, महली आदि समुदाय के लोग भी बसे हुए हैं।

पाडेरकोला[4], ग्राम पंचायत है जिसके अन्तर्गत करीब 12 गाँव आते हैं : पाडेरकोला, अंबाजोरा, चिलगोजोरी, झुनका, जोरारो, केरमा, सहरघाटी, अमटोला, जाबोजितपुर, जितक, कमरडीहा, परारकोला, सलपतरा।

पाडेरकोला गाँव पहुँचने से पहले बरहेट, आमड़ापाड़ा की घाटी पर एक सुरम्य घाटी क्षेत्र है। आसपास के चारों ओर छोटे-बड़े झुरमुटवाले जंगलों के बीच धान के खेत बिखरे पड़े हैं। इसके अलावा बाजरा, उरद, जौ आदि भी प्रमुखता से उपजाई जाती है। जंगलों में इमली, बाँस, पियर, आसन, शिरीष, केन्दू, सखुआ आदि के पेड़ भी बहुतायत में मिलते हैं।

प्रारम्भिक जीवन

उनके वंशज मसूदी टुडू के अनुसार, शाम परगना का जन्म 1820 में बोलोराम टुडू एवं होपनी टुडू के घर में हुआ था।[5] उन्हें प्रारम्भिक शिक्षा अपने परिवार से ही प्राप्त हुई थी।

उनका परिवार दक्षिण-पूर्वी छोटानागपुर क्षेत्र से आकर बसनेवाले सन्ताल श्रमिकों में से था। पाडेरकोला गाँव को बसाने में अग्रणी भूमिका रहने के कारण उनके पूर्वज को 'परगनैत'[6] परिवार का दर्जा मिला था। परम्परागत नियमों के आधार पर अपने गाँवों तथा परगना के सभी गाँवों की सामाजिक समस्याओं को सुलझाने का दायित्व उनके परिवार पर होता था। बचपन से ही शाम टुडू अपने दादा जी एवं पिता जी के सान्निध्य में सामाजिक समस्याओं को जानने-समझने का प्रयत्न करते थे। इस प्रकार युवा होने तक उन्हें प्रथागत स्वशासन व्यवस्था का अच्छा-खासा ज्ञान हो चुका था। वह काफी चतुर और बुद्धिमान थे जिसके कारण वह लोगों के बीच अकसर 'सियार होड़' के उपनाम से भी जाने जाते थे।[7]

शाम टुडू के अपने परिवार की आर्थिक स्थिति काफी दयनीय थी। इस कारण जीविकोपार्जन की लाचारी में अन्य सन्ताल परिवारों की तरह उनका परिवार भी सूदखोर महाजनों के चंगुल में फँसा हुआ था। महाजनों के दमन-चक्र में पिस रहे सन्ताल समुदायों में उस दौर में असन्तोष, व्यग्रता और शोषण का प्रतिशोध लेने की भावना जगने लगी थी। 1853-54 के दौर में जब जमींदारों, सूदखोर महाजनों का बोलबाला था और अंग्रेज सरकार का ध्यान सिर्फ राजस्व अदायगी में लगा हुआ था, उन दिनों जगह-जगह रात की चाँदनी में बैठकें लगने लगी थीं जिसमें सन्ताल समुदाय की बढ़ती दुर्दशा और उससे निजात पाने के लिए प्रयासों और समस्याओं पर अकसर चर्चा होती थी। ऐसे बैठकों में शामिल होकर एवं घटनाक्रमों को सुनने के बाद शाम टुडू शोषक महाजनों के खिलाफ विद्रोह करना चाहते थे। आगे चलकर अपने पिता जी की विरासत सँभालते हुए वह पाडेरकोला परगना के परगनैत बने। परगना के सभी गाँवों के मांझी हड़ाम द्वारा अब इन्हें शाम परगना कहकर सम्बोधित किया जाने लगा था। अपने समुदाय की तमाम सामाजिक समस्याओं को सटीक, ढंग से सुलझाने में महारत हासिल करने के कारण आसपास के गाँवों में भी शाम परगना की कद्र बहुत बढ़ गई थी।

विद्रोह की पृष्ठभूमि

कम्पनी शासन के उस दौर में, सम्पूर्ण सन्ताल परगना क्षेत्र के प्रवासी सन्ताल समुदाय की दो प्रमुख समस्याएँ बड़ी चुनौती बनकर खड़ी थीं (1) सन्तालों की जी-तोड़ मेहनत से बनाई गई खेती-योग्य भूमि को महाजन एवं जमींदारों द्वारा हड़प लिया जाना तथा (2) सन्ताल समुदाय विशेषकर बालिकाओं एवं महिलाओं को जबरन बँधुआ मजदूर बनाकर आजीवन बेगारी करवाना तथा उनका शारीरिक शोषण करना।[8]

यह बहुत ही कष्टकारी एवं अनैतिक मामला था, परन्तु श्रमिक एवं सरल स्वभाव के सन्ताल समुदाय दबंगों से टकराने में खुद को अक्षम मानते थे और शोषण

के विरुद्ध अपनी आवाज ऊँची नहीं कर पाते थे। सर्दियों के मौसम में जब धान खेतों से कटकर खलिहान आ जाता था तो महाजन आकर खलिहान से ही उनका धान उठा ले जाते थे। सोनालाल मरांडी जो चम्पाइ मांझी के वंशज हैं, ने कहानी की व्याख्या करते हुए बताया कि मैदानी क्षेत्रों से आनेवाले उन सूदखोर महाजनों में बेईमानी और लालच इतना प्रबल था कि धान नापते समय पूरे टोकरे का धान खत्म कर लेते और गिनती आगे बढ़ाते ही नहीं थे। बहुत देर बाद जब डर-डरकर सन्ताल उन्हें बोलते, "अब दुइ तो करो महाजन" अर्थात गिनती आगे तो बढ़ाइए तब फिर महाजन अगली टोकरी के धान को अगवा कर लेता था। कोई भी विरोध करने की हिम्मत नहीं करता था, अगर थोड़ा सा भी प्रतिकार करने का दुस्साहस कोई करता तो सजा के तौर पर उनके घर बँधी गाय-बकरियाँ भी खोलकर ले ली जाती थीं। इस प्रकार की लूट और अन्याय की घटनाएँ पाडेरकोला एवं आसपास के गाँवों में आम हो चुकी थीं। व्यापारी महाजन आमड़ापाड़ा क्षेत्र के जंगलों के मध्य में बसे सभी सन्ताल परिवारों तक अपनी पहुँच रखते थे और स्थानीय पुलिस-दारोगा एवं अन्य नाजायज ढंग से सन्ताल समुदायों को लूटने में लगे रहते थे। बारिश के मौसम में सन्ताल समुदाय के गाँवों में घूम-घूमकर कर्जा देकर वह लोगों को अपने शिकार में फँसाने में दक्ष थे। उन्हें हर परिवार की माली हालत की जानकारी होती थी। इसी बीच में ऋण अदायगी से मुकरने सम्बन्धी फर्जी मामले भी सन्तालों के विरुद्ध किये जाते और इस फर्जी आरोप की जानकारी आरोपी सन्ताल तक ना पहुँचे इसकी भी पूरी कोशिश रहती थी। इस प्रकार अदालत व कानून का भय दिखाकर महाजन सन्तालों की जमीन हथिया लेते थे।

न्याय पाने की उम्मीद से सन्तालों ने इस अमानवीय शोषण के विरुद्ध अंग्रेजी हुकूमत के 'सुब्बा'[9] के समक्ष अपनी शिकायत पहुँचाने की कोशिश भी की थी। लेकिन निराशा हाथ लगने के पश्चात, अप्रैल माह में सिदो-कानू एवं 20-25 अन्य शीर्ष विद्रोहियों का दल हजारीबाग के उपर्युक्त अधिकारी के समक्ष अपनी व्यथा सुनाने को हाजिर हुआ।[10] वहाँ उन्होंने यह बात रखी कि किस प्रकार निर्दयी महाजन बेईमानी करते और एक के बदले छः गुणा कर वसूलते, फिर भी मूल कर्ज बकाया ही रह जाता। यह कर्ज अगली पीढ़ी को हस्तान्तरित किया जाता और इस प्रकार समूचा परिवार निर्दयी महाजनों की बेरहमी का शिकार बना रहता था। परन्तु सुब्बा साहब भी उनकी समस्या का समाधान करने में सफल नहीं हो सके। दो सप्ताह बाद वे लौटे और पंचकठिया में 'हूल' की मुनादी करने हेतु पूरे सन्ताल परगना के दामिन-ए-कोह क्षेत्र के अलावा बीरभूम एवं भागलपुर के भाग में सखुआ टहनी घुमाई गई।[11]

विद्रोह में भूमिका

कहा जाता है कि इन दबंग महाजनों के विरुद्ध एवं ऋण के चंगुल से बचने के लिए पाडेरकोला परगना के अन्तर्गत सभी गाँव के मांझी हड़ामों द्वारा पाडेरकोला के सम्मेलन स्थल में इमली के बड़े पेड़ के नीचे 28 जून, 1855 की चाँदनी रात में एक बैठक रखी गई थी।[12] इस बैठक की अगुवाई शाम परगना कर रहे थे। बैठक में यह निर्णय लिया गया कि अब किसी महाजन से ऋण नहीं लिया जाएगा और मिल-जुलकर धान कटने तक जीवन गुजारने का बन्दोबस्त करना होगा। इसके अलावा, जरूरत पड़ने पर भोगनाडीह जाकर संघर्ष में साथ देने के लिए भी सभी राजी हुए थे। इसी बैठक में आकर कुछ लोगों ने सूचना दी कि आमड़ापाड़ा के पश्चिम स्थित सिलिंगी जंगल के पिपरा गाँव के चम्पाइ मांझी, हड़मा देस मांझी एवं गरबु मांझी को पुलिस पकड़कर इसी रास्ते से भागलपुर जेल ले जा रही है।[13] बैठक में इस सूचना पर उत्तेजना फैल गई । शाम परगना ने स्थिति की गम्भीरता को देखकर बैठक में उपस्थित सभी मांझी हाड़ाम के बीच यह विचार किया कि पुलिस से इन तीनों सन्तालों को छुटकारा मिलना चाहिए।[14] गरबु एवं चम्पाइ मांझी शाम परगना के परिचित थे। रणनीति के अनुसार शाम परगना ने बैठक में उपस्थित कुछ लोगों को सिदो-कानू के विद्रोही दल को इसकी सूचना पहुँचाने के लिए भेजा तथा अन्य जनों को पुलिस दल का पीछा करने के लिए आमड़ापाड़ा के जंगलों की तरफ जाने को कहा ताकि मामले की खबर मिलती रहे। बैठक समाप्त कर शाम परगना ने अपने बाकी साथियों को हथियारबद्ध होने का आदेश दिया एवं स्वयं भी तीर-धनुष लेकर अगले दिन पंचकठिया की ओर जाने को तैयार हुए। तब तक सिलिंगी क्षेत्र से 25-30 सन्ताल युवाओं का दल लखन सोरेन के नेतृत्व में पाडेरकोला पहुँचा और शाम परगना को विस्तार से घटना के बारे में बताया और सिदो-कानू से मिलने जाने की अपील की। पुलिस एवं बन्दी बनकर जा रहे विद्रोहियों को आमड़ापाड़ा और पंचकठिया के बीच घेरा जा चुका था। पंचकठिया में सिदो-कानू के नेतृत्व में जमा हुए 10,000 से अधिक सन्ताल विद्रोहियों के साथ शाम परगना भी सभी लोगों को लेकर आ मिले और चम्पाइ मांझी, हड़मा, गरबु आदि को छुड़ाने के लिए सबको तैयार रहने को कहा।

पंचकठिया में ही दारोगा महेशलाल दत्त एवं उनके पाँचों सिपाहियों को मारकर बन्दियों को मुक्त करा लिया गया।[15] शाम परगना, चम्पाइ मांझी, हड़मा मांझी एवं गरबु मांझी आदि को सुरक्षित स्थानों की ओर भेजकर शाम परगना विद्रोही दल के नेता बनकर रणनीति तैयार करने में जुट गए। यहाँ अन्तिम संघर्ष की लकीर खींची जा रही थी। शाम परगना के साथियों को बरहेट-साहेबगंज-भागलपुर के रास्ते विद्रोह को आगे बढ़ाने को कहा गया। सन्तालियों के इस विद्रोह से अंग्रेजी हुकूमत की नींव हिल गई।

बारिश का समय था और उस समय बन्दूकें काठ की होती थीं, नमी के कारण बन्दूकें फूल गईं और जाम हो गईं लेकिन तीरों पर बारिश का कोई असर नहीं पड़ा। अंग्रेज सैनिकों की बन्दूकों पर सन्ताल के तीर और फरसे भारी पड़ रहे थे। साहेबगंज के समीप मोती झरना के पास शाम परगना करीब 200 लोगों की सेना का नेतृत्व कर अंग्रेज सेना से लड़ रहे थे, उसी क्रम में उन्हें बन्दूक की गोली आकर लगी और वह घायल हो गए।[16] एक अंग्रेज अधिकारी जिनका नाम मिस्टर एडेन था शाम परगना से परिचित था, मरने से पूर्व शाम परगना ने उससे कहा कि वह तो अब अन्तिम साँसें गिन रहे हैं लेकिन हमारे जंगल और खेत हमारे ही अधिकार में रहें, इसके लिए सन्ताल आखिरी दम तक संघर्ष करते रहेंगे।

विद्रोही नायक के तौर पर योगदान

शाम परगना के शहीद होने के बाद भी संघर्ष बढ़ता गया। शाम परगना की नीति और उनके साथी मुख्यत: पिपरा गाँव से हड़मा मरांडी (हड़मा देस मांझी) और चम्पाइ मरांडी (चम्पाइ मांझी), आमड़ापाड़ा के गरबु मांझी और लखन सोरेन, लिट्टीपाड़ा के विजय मांझी और भोगनाडीह से सिदो, कानू, चाँद, भैरव[17] के सहयोग से लड़ी गई। सन्तालों के इस हूल के बाद सन्ताल परगना के लोगों के बीच अपनी जमीन के लिए लड़ने की आवाज बुलन्द हो चुकी थी। जब अंग्रेज इस जनक्रान्ति का दमन करने में असफल रहे तब उन्होंने समूचे सन्ताल क्षेत्र में फौजी कानून (मार्शल लॉ) लागू किया, फिर भी इसका कोई असर सन्ताल के उग्र विद्रोह पर नहीं पड़ा बल्कि और ज्यादा लोगों का गुस्सा फूट पड़ा और आखिरकार 22 दिसम्बर, 1855 को सन्ताल परगना जिले के निर्माण की घोषणा की गई और सन्तालों की जमीन की रक्षा के लिए एसपी एक्ट, 1855 को लाया गया जिसे आगे चलकर 1949 में एसपी एक्ट को संहिताबद्ध कानून बनाया गया। सन्ताल परगना के कई वीरों ने सन्ताल परगना के मैदानी क्षेत्रों में महाजनी अत्याचार से पीड़ित किसान एवं श्रमिकों का नेतृत्व किया और अन्यायपूर्ण राजस्व नहीं देने के लिए जीवन-पर्यन्त संघर्ष करते रहे। गोड्डा की सुन्दर पहाड़ी के बैजल सोरेन को गीतों के माध्यम से शासन के विरुद्ध भड़काने तथा विद्रोहियों को सूचना देने के आरोप में गिरफ्तार कर कठिन यातना दी गई। बाद में जैसा कि कहा जाता है, एक अंग्रेज महिला उसे अपने साथ लेकर विदेश चली गई। इन वीर शहीदों के सम्बन्ध में अभी तक अधिकृत अभिलेखों में खोज की जानी शेष है।

समुदाय के बीच शाम परगना का स्मरण

1855 के विद्रोह की पृष्ठभूमि रचनेवाले तमाम विद्रोहीगणों की कहानियों में से अधिकतर अतीत के गर्भ में समा चुकी हैं। सिदो, कानू, चाँद और भैरव को छोड़ बाकी वीरों को याद नहीं किया जाना झारखंड तथा भारत के इतिहास के पन्नों को अधूरा रखने जैसा है, जिनके सम्बन्ध में विस्तृत अध्ययन एवं शोध किया जाना अपेक्षित है। बहरहाल शहीदों के वंशजों और स्थानीय समुदायों के द्वारा यदा-कदा इन भूले-बिसरे महापुरुषों की शहादत को स्मरण किया जाता रहा है। जैसे शाम परगना की एक आदमकद मूर्ति पाडेरकोला गाँव के चौक (आमड़ापाड़ा-बरहेट मार्ग) पर लगाई गई है। उनके वंशजों द्वारा प्रतिवर्ष शाम परगना स्मारक फुटबाल प्रतियोगिता का आयोजन किया जाता है तथा 'हूल दिवस' 30 जून को ही पाडेरकोला गाँव में उनका शहादत दिवस मनाया जाता है जिसमें हर साल उनके नाम पर मेला भी लगता है। शाम परगना सिर्फ पाडेरकोला गाँव ही नहीं बल्कि समूचे सन्ताल परगना में नायक के रूप में याद किये जाते हैं। पिपरा गाँव से चम्पाइ मांझी का वंशज परिवार और भोगनाडीह से सिदो-कानू के वंशज परिवार, शाम परगना के वंशज परिवार से अच्छी तरह परिचित हैं और वह भी शाम परगना के शहादत दिवस पर सम्मिलित होते हैं और उनके अमूल्य योगदान को याद करते हैं।

सन्दर्भ

1. ए. कैम्पबेल, *सन्ताली-इंग्लिश डिक्शनरी*, 1899, मानभूम, द सन्ताल मिशन प्रेस, पोखरिया
2. www.brandbharat.com
   www.onefivenine.com
3. सन्ताल समुदाय में गाँव के प्रधान को मांझी हड़ाम कहा जाता है।
4. www.villageinfo.in
5. मसूदी टुडू, *हुलगारिया शाम परगना*, 2001, मिनर्वा प्रेस, दुमका, पृ. 5
6. तारापदा राय, *सन्ताल रिबेलियन डॉक्यूमेंट्स*, पश्चिम बंगाल सार्वजनिक पुस्तकालय, 1983, सुबनरेखा, कोलकाता, बंगाल सरकार के सचिव को पत्र, 26 सितम्बर, 1855
7. मसूदी टुडू, *हुलगारिया शाम परगना*, 2001, मिनर्वा प्रेस, दुमका, पृ. 5
8. डब्ल्यू.डब्ल्यू. हंटर, *द एनल्स ऑफ रूरल बंगाल*, 1868, लेपोल्ड्ट एंड हॉल्ट, न्यूयॉर्क, पृ. 234-235
9. किसी सूबे या प्रान्त का बड़ा अफसर या शासक, प्रादेशिक शासक
10. डब्ल्यू.डब्ल्यू. हंटर, *द एनल्स ऑफ रूरल बंगाल*, 1868, लेपोल्ड्ट एंड हॉल्ट, न्यूयॉर्क, पृ. 237-38
11. मसूदी टुडू, *हुलगारिया शाम परगना*, 2001, मिनर्वा प्रेस, दुमका, पृ. 2

12. पी.सी. राय, *बिहार डिस्ट्रिक्ट गजेटियर सन्ताल परगना,* 1965, सेक्रेटरिएट प्रेस, पटना, पृ. 79
13. सी.एच. कुमार, *सन्ताल परगनास : सन्ताल और पहाड़िया का इतिहास,* 1968, काए बाहेर पब्लिकेशन, कोलकाता, पृ. 64-65
14. पी.सी. राय, *बिहार डिस्ट्रिक्ट गजेटियर सन्ताल परगना,* 1965, सेक्रेटरिएट प्रेस, पटना, पृ. 80
15. सी.एच. कुमार, *सन्ताल परगनास : सन्ताल और पहाड़िया का इतिहास,* 1968, काए बाहेर पब्लिकेशन, कोलकाता, पृ. 63-64
16. ई.जे. सोरेन, *इतिहास के आईने में सन्ताल परगना,* 2014, वीना प्रिंटिंग प्रेस, दुमका, पृ. 26
17. आर. कास्टेयर्स, *हड़माज विलेज,* 1946, काए बाहेर पब्लिकेशन, कोलकाता

शाम परगना का कुर्सीनामा

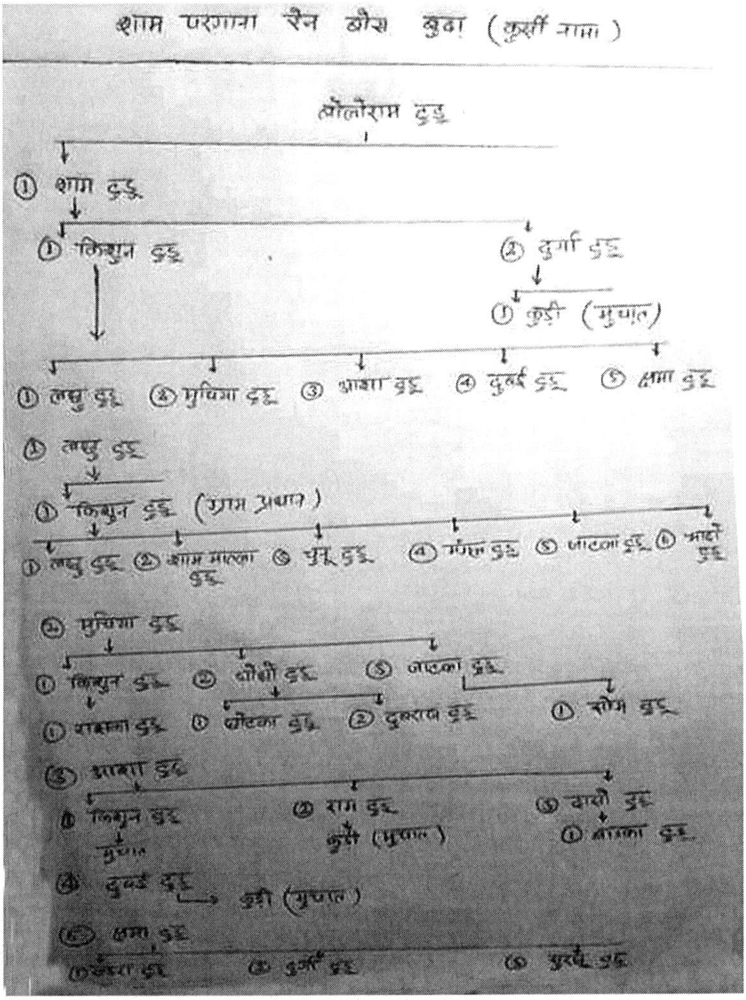

उनके वंशज मसूदी टुडू द्वारा प्रमाणित

शाम परगना का पुश्तैनी घर

पाडेरकोला आँगनबाड़ी

मांझी थान, पाडेरकोला

गाँववालों से शहीद शाम परगना के बारे में चर्चा करते हुए

शाम परगना के वंशज मसूदी टुडू से बात करते हुए

शहीद-परिवार से बातचीत करते हुए

शाम परगना के वंशजों के साथ

सिदो-कानू के वंशज मंडल मुर्मू के साथ

पाडेरकोला चौक पर स्थित शाम परगना की आदमकद प्रतिमा

शहीद भाको मुर्मू और भुगलू मुर्मू

कुमार ऋषि

कोल्हान ने अनेक वीरों को जन्म दिया है जिन्होंने पारम्परिक हथियारों के साथ आधुनिक हथियारों का सामना अंग्रेजों से किया और अपने जल-जंगल-जमीन की लड़ाई में अपने जीवन का सर्वोच्च बलिदान दिया। भाको मुर्मू और भुगलू मुर्मू दो वीर थे, जिन्होंने अपने क्षेत्र में अकाल और शोषण के विनाशकारी प्रभावों के खिलाफ लड़ने के लिए अपना जीवन समर्पित कर दिया। कई चुनौतियों का सामना करने के बावजूद, उन्होंने अपने लोगों के अधिकारों के लिए लड़ने और अपने समुदाय के लिए बेहतर भविष्य सुरक्षित करने के लिए अपनी बहादुरी और दृढ़ संकल्प का इस्तेमाल किया। गरीबी और कठिनाई के मूल कारणों को सम्बोधित करने के लिए उनके अथक प्रयास सामाजिक न्याय और समानता के प्रति उनकी अटूट प्रतिबद्धता का प्रमाण हैं। इन नायकों के विषय में मुझे जानकारी क्षेत्र भ्रमण के दौरान राज नगर पंचायत के पोस्ट मास्टर दीपक कुमार महतो जी के दिशानिर्देश से उनके सम्बन्धियों के साक्षात्कार, गीतों, मौखिक स्त्रोतों, पुरातात्त्विक स्त्रोतों और जगहों के नामों के अध्ययन से प्राप्त हुई। यह सार भाको मुर्मू और भुगलू मुर्मू के जीवन और संघर्ष का एक संक्षिप्त अवलोकन है, जो उनके अकाल और शोषण के खिलाफ लड़ाई में उनके महत्त्वपूर्ण योगदान को पहचानने के महत्त्व पर प्रकाश डालता है।

परिचय

सिंहभूम की ऐतिहासिक भूमिका को देखें तो यह क्षेत्र 1757 के प्लासी के युद्ध से ही अशान्त रहा है। नवाब सिराजुद्दौला के बाद बंगाल का कठपुतली नवाब मीर जाफर को बनाकर अंग्रेजों ने शासन किया। नवाब मीर जाफर की मृत्यु 5 फरवरी, 1765 को हुई। इसकी जानकारी पत्र के माध्यम से मिस्टर स्पेंसर ने

मिडीटोन को दी और नवाब के परिवार की देखभाल की जिम्मेदारी कम्पनी की तय की गई। मार्च, 1765 में निजामुतदौला ने मिदनापुर से बंगाल, बिहार, उड़ीसा की सरदारी कमान सँभाली और कम्पनी की सन्धि के अनुसार मसनद बैठाए। मई, 1765 में लॉर्ड रॉबर्ट क्लाइव बंगाल के गवर्नर नियुक्त हुए, अक्टूबर, 1765 में मिस्टर ग्राहम को आदेश दिया गया कि कम्पनी के मिस्टर वाट को कार्यभार मुक्त करें और नया कार्यभार उठाएँ। मार्च, 1766 को व्यवस्था को व्यवस्थित करने के लिए जमींदारों को पकड़ने, उनके किलों को ध्वस्त करने का फरमान जारी किया गया! जमींदारों से करों का भुगतान नियमित रूप से करने का और नहीं करने पर उनकी जमींदारी को दूसरे को हस्तान्तरित करने का आदेश जारी किया गया।[1] इसके विरोध में स्थानीय लोगों ने आन्दोलन किया जिसे चुआर आन्दोलन नाम दिया गया।

चुआर विद्रोह इतना प्रचंड था कि ईस्ट इंडिया कम्पनी के अधिकारी अपने आवास से निकलने से डरते थे। चुआर विद्रोह विभिन्न चरणों में चला, जिसके नायक रघुनाथ महतो, रानी शिरोमणि और जगन्नाथ ढाल प्रमुख रहे थे। इस आन्दोलन को ईस्ट इंडिया कम्पनी ने स्थानीय राजाओं के मदद से कुचल दिया था परन्तु कुछ समय के बाद यह आन्दोलन नायक रघुनाथ सिंह के नेतृत्व में हुआ जिसे जंगल महल का चुआर/चुहाड़ विद्रोह द्वितीय के रूप में जानते हैं।

आन्दोलन की पृष्ठभूमि

सन् 1866-67 ई. से लेकर 1873-74 ई. के बीच अकाल का भीषण प्रभाव बंगाल और उड़ीसा में देखने को मिला, जिसके वजह से लोगों ने अपनी जान भुखमरी के कारण गँवाई, महत्त्वपूर्ण रूप से राँची और सिंहभूम में शुरुआत में अकाल अंकित किया गया और यह अकाल पलामू जिले की ओर बढ़ा जिसकी वजह से जनसंख्या घनत्व में काफी बदलाव दिखे।

1868 में प्रसिद्ध आदेश जारी किया गया था कि प्रत्येक जिला अधिकारी को व्यक्तिगत रूप से जिम्मेदार ठहराया जाएगा कि ऐसी भुखमरी से कोई भी मौत नहीं हुई है, जिसे उसकी या इस अधीनस्थ की ओर से किसी भी परिश्रम या व्यवस्था से टाला जा सकता था और भेदभावपूर्ण राज्य के दान के हतोत्साही प्रभाव के कुछ अनुभव के बाद, 1877 में राज्य के सचिव द्वारा राहत की घोषणा की गई थी।[2]

अकाल	वर्ष
बंगाल अकाल	1769-70
उत्तर-पश्चिमी प्रान्तों और अवध में चालीसा अकाल	1783-84
दक्कन के पठार में दोजीबारा अकाल	1790-91
बंगाल अकाल	1803-04
मद्रास अकाल	1837-38
बंगाल	1860-61
उड़ीसा अकाल	1865-67
राजपूताना अकाल	1868-70
मद्रास अकाल	1873-74, 1876-78
भारतीय अकाल	1896-97
बंगाल अकाल	1943-44

संघर्ष

सराइकेला फ्यूडेटरी स्टेट, पूर्वी स्टेट के अन्दर छोटानागपुर के सिंहभूम जिला के अन्तर्गत आता था, उस समय के तात्कालिक राजा चक्रधर सिंह बहादुर[3] (उम्र 71 वर्ष)थे। उनके बेटे उदित नारायण सिंह देव का जन्म सन् 1848 ई. में हुआ था जो 25 नवम्बर, 1883 ई. को सिंहासन पर आरूढ़ हुए। राजपरिवार की संस्कृति के अनुसार घर के बड़े बेटे को कुँवर और बाकी बेटों को टिकैत कहा जाता था। 1856 ई. में लॉर्ड वेलेस्ली और लॉर्ड मिंटो की सरकार ने सराइकेला जमींदार को राजा का अधिकार दिया और उन्हें राजा बहादुर का तमगा, ब्रिटिश ईस्ट इंडिया कम्पनी से 18 फरवरी, 1856 ई. को उनके पिता अजंबर सिंह देव के कोल विद्रोह के दमन में सहयोग, वफादारी एवं उनके द्वारा प्रदान की गई बहुमूल्य सेवाओं के आधार पर प्राप्त हुआ।[4] सराइकेला स्टेट के राजा अंग्रेजों से अधिक प्रशंसा पाने के लिए प्रजा पर कई प्रकार के दमनकारी नियम समय-समय पर लागू किया करते थे, इससे खुश होकर ब्रिटिश सरकार उन्हें अत्यधिक अधिकार देकर सम्मानित करती थी। तत्कालीन जमींदार राजा चक्रधर सिंह बहादुर का क्षेत्रफल 449 वर्ग मील, जनसंख्या लगभग 1,15,539 लोग और आय 4,42,822 रुपए कर से प्राप्त होती थी। यहाँ खनिज के भंडारों का मुख्य रूप से खनन गैलेना, ताँबा, सोना, सेलखड़ी, दुर्दम्य चट्टानों का होता था।[5]

सन् 1865-1873 ई. का महाअकाल भारत के इतिहास में एक विनाशकारी अवधि थी, जिसने भारत के करोड़ों लोगों को प्रभावित किया। भारत के पूर्वी क्षेत्र में स्थित बंगाल तत्काल झारखंड सबसे अधिक प्रभावित क्षेत्रों में से एक था। अकाल, फसल की विफलता, ब्रिटिश औपनिवेशिक सरकार द्वारा लगाए गए उच्च करों,

A MAP OF
INDIA
shewing at one view the Area of each of the
FAMINES
since the beginning of
THE PRESENT CENTURY
and distinguishing the parts
SLIGHTLY, SEVERELY, OR INTENSELY
AFFECTED.

SCALE OF ENGLISH STATUTE MILES
50 0 50 100 150 200

A list of the Famines included in the Map
with a reference to the colours.

INTENSE SEVERE SLIGHT

1802-3 *Bombay & Cutch*
1803-4 *North West Provinces*
1812 *Cutch, Kathiawar & Gujarat*
1833 *Madras*
1837-8 *North West Provinces, Rajputana & Central India*
1854 *The Deccan*
1860-1 *North West Provinces & the Punjab*
1865-6 *Behar, Orissa, Madras, Mysore & Bombay*
1868-9 *Punjab, North West Provinces, Rajputana Central India & Central Provinces*
1873-4 *Bengal, North West Provinces & Oudh*
1876-8 *Madras, Bombay, Mysore, Hyderabad, Central India, North West Provinces & the Punjab*

See the Report of the Indian Famine Commission part 1. 1880

लन्दन-भारत : अकाल मानचित्र 1800-1878, स्टैनफोर्ड

अमीर भूस्वामियों द्वारा रसद संयोजन और ब्रिटिश औपनिवेशिक सरकार की गलती के कारण अत्यधिक बढ़ गया था। स्थानीय जनजातियाँ ब्रिटिश औपनिवेशिक सरकार और अमीर जमींदारों के खिलाफ उठ खड़ी हुई थीं। आन्दोलन का नेतृत्व स्थानीय आदिवासी समुदायों ने किया जो महाअकाल के कारण अत्यधिक गरीबी और भूख का सामना कर रहे थे। मरने को मजबूर स्थानीय आबादी पर भारी बोझ बढ़ता गया वहीं दूसरी ओर अमीर भूस्वामियों ने इस क्षेत्र के संसाधनों का निजी उपयोग किया। विरोध-प्रदर्शन और ब्रिटिश औपनिवेशिक बलों के साथ प्रत्यक्ष टकराव कर डिबा-किसुन और भाको-भुगलू ने आदेशों की अवज्ञा करने का साहस जुटाया और अपने अधिकारों के लिए लड़े। संसाधनों और संगठन की कमी के बावजूद, इस आन्दोलन ने इतिहास में अपनी पहचान बनाई और मानव अधिकारों की दुर्दशा पर ध्यान आकर्षित करने और पूरे सराइकेला में इसी तरह के प्रतिरोध आन्दोलनों को प्रेरित करने में सफल रहा।

छुटाई सोरेन (डिबा के वंशज) के अनुसार किशुन मुर्मू के मामा का घर डिबा के घर के पास था, इसलिए बचपन से ही किशुन मातम बेड़ा में रहने लगे। दोनों का एक साथ समय बिताना, जानवरों को चराना और साथ ही तीर-धनुष से अभ्यास करना होता था। इनके साथी भाको मुर्मू, भुगलू मुर्मू का जन्म उन्नीसवीं शताब्दी की शुरुआत में सराइकेला के राज नगर प्रमंडल के पांडुगीति नामक गाँव में मांझी के घर हुआ था। कहा जाता है कि डिबा-किशुन को दैविक शक्ति प्राप्त थी। इसके बल पर सराइकेला स्टेट के जमींदार राजा उदित नारायण सिंह देव[6] और अंग्रेजों के दमनकारी तनावों के खिलाफ चौकड़ी बनाई गई जिसमें डिबा सोरेन, किशुन मुर्मू, भाको मुर्मू और भुगलू मुर्मू शामिल थे। उन्होंने लोगों को संगठित कर अधिक कर वसूली के विरोध में आन्दोलन किया।

राजा अपने नियमित कार्यक्रम में यदि किसी गाँव पहुँचते तो उनके सेवा-सत्कार के लिए गाँव की सुन्दर लड़की का होना आवश्यक होता था। रात-भर यौन सम्बन्ध बनाने के बाद राजा लड़की को अपनी रखनी का दर्जा देता, साथ ही गाँव की जमीन उनके पालन-पोषण के लिए दान में देता था।[7] राजा और लड़की से उत्पन्न वंशजों को 'बाबू' कहा जाता था, राजा का आदेश था कि इनके आसपास के किसान अपने खेतों में खेती से पहले हल-बैल से बाबू के खेतों में काम करें। आदेश का उल्लंघन करनेवालों को राजा द्वारा नियुक्त डाकुवा प्रताड़ित करता या कोड़े बरसाता था। जब कभी राजा के घर में शादी-विवाह या अन्य कार्यक्रम होते तो गाँव का 'डाकुवा'[8] बड़े खस्सी (बधिया बकरा) को बिना बताए ग्रामीणों के घरों से उठाकर ले जाता था और भेंट के रूप में राजा को सौंप देता था। फसल अच्छी हुई हो या खराब, राजा लगान की वसूली बड़ी कड़ाई पूर्वक करते थे। भीषण अकाल के दौरान जब लोग भूखे प्राण गँवा रहे थे तब राजा ने लगान की दरों में कोई बदलाव नहीं किया। इस वजह से जमींदार राजा और जनता के बीच

कोई भावनात्मक सम्बन्ध नहीं बचे थे। सिंहभूम में खाद्य पदार्थ की दरों में पिछले 10 वर्षों की अपेक्षा अत्यधिक बढ़ोत्तरी हुई। सदर थाना के चाईबासा क्षेत्र में बढ़ी पर आन्तरिक क्षेत्रों में दरों में ज्यादा अन्तर नहीं हुआ था। चावल और गेहूँ के तीन स्थानों के बाजारों में सराइकेला की औसत दर उच्चतम थी।[9]

चाईबासा	23	12
घाटशिला	19	12
सराइकेला	28-9	14-4

(ए रिपोर्ट ऑन द एडमिनिस्ट्रेशन ऑफ बंगाल)

जमींदार राजा की निरंकुश प्रताड़ना दिनों-दिन बढ़ती जा रही थी, तब डिबा-किशुन और भाको-भुगलू की चौकड़ी ने अंग्रेजों के चाटुकार जमींदार राजा का विरोध करने के लिए बोंगबोंगा नदी में सूर्य को साक्षी मानकर शपथ ली कि हमारे बीच से कोई भी जमींदार राजा के प्रलोभन में आकर उनसे मिला या संगठन के बारे जानकारी देगा तो उनका पेट फूल जाएगा और वह मृत हो जाएगा।[10] इसके बाद सबसे पहले उन्होंने विशेष रूप से जमींदार राजा को लगान न देने का सामूहिक फैसला लिया, उन्होंने उस कुचुंग गाँव के प्रधान से मालगुजारी ना देने और इस आन्दोलन में सहयोग देने को कहा जहाँ से राजा को भारी मात्रा में मालगुजारी मिलती थी। डिबा-किशुन और भाको-भुगलू ने गोविन्दपुर अन्तर्गत तीन बड़े गाँवों, मातकमबेड़ा, एदल और जुमाल गाँव में लोगों की सभा बुलाई और लगान न देने के लिए प्रेरित किया। इसके साथ आसपास के 20 से अधिक गाँवों के ठेकेदार और गाँवों के प्रधान की सभा बुलाकर संगठित होकर जमींदार राजा का विरोध किया।

डिबा-किशुन और भाको-भुगलू की दिनों-दिन शक्ति बढ़ती जा रही थी, जमींदार राजा इनकी शक्ति से हतप्रभ हो गए थे। लोगों को संगठित देखकर उन्हें बड़ा विद्रोह होने का डर सताने लगा। राजा ने उनकी मुखबिरी के लिए चौकीदार नियुक्त किये और आन्दोलन को दबाने के लिए दारोगा और सैनिकों को मातकामबेड़ा गाँव भेजा जिसमें डांडू डूंगरी के समीप सिपाहियों की ग्रामीणों से कई मुठभेड़ हुए। दरोगा का मुकाबला ग्रामीणों ने वीरता के साथ किया और सैनिकों को सीमा के अन्दर प्रवेश करने से रोककर रखा। डिबा-किशुन और भाको-भुगलू से हारने के डर से राजा ने सन्धि प्रस्ताव भेजा, जिसमें गोविन्दपुर थाना के अन्तर्गत तीन बड़े गाँव के लगान वसूलने का प्रस्ताव दिया परन्तु सभी प्रस्तावों को आन्दोलनकारियों ने ठुकरा दिया।[11]

आन्दोलन को तोड़ने के लिए भाको-भुगलू की खोजबीन तेज हो गई क्योंकि भाको-भुगलू मुर्मू आन्दोलन में प्रमुख योगदान दे रहे थे, पुलिस की खोजबीन से दोनों पकड़े गए। दोनों भाइयों को जेल में भीषण यातनाएँ दी गईं जिससे मजबूर होकर भुगलू

ने डिबा-किशुन के गाँव में घुसने के स्थान, प्रतिज्ञा और संगठन के बारे में जानकारी दे दी। संगठन के बारे सभी जानकारी और भेद खुलने के बाद यातनाएँ ज्यादा बढ़ा दी गईं, इन चारों ने बोंगबोंगा नदी के पानी में जो शपथ ली थी, उसकी अवमानना करने पर भुगलू मुर्मू का पेट फूल गया और भाको को पीट-पीटकर बन्दीगृह में मार दिया गया।

क्षेत्र भ्रमण के दौरान इस पर लोगों से अलग-अलग वृत्तान्त सुनने को मिले। ग्रामीणों ने बताया कि दोनों को पीटकर मारा गया, कुछ ने कहा कि भरे दरबार में दोनों को लाकर शरीर से धड़ अलग कर राजा को भेंट किया गया परन्तु सभी मौखिक स्रोतों ने कहा कि दोनों की मौत बन्दीगृह में हुई थी। जमींदार राजा को डिबा-किशुन के ठिकाने की पुख्ता जानकारी होने के बाद दोनों को पकड़ने के लिए खोजबीन तेज कर दी गई। इस बार सैनिक उनकी सीमा में घुसने में सफल हो गए क्योंकि उन्हें घुसने का सही रास्ता मिल गया था। डांडू डूंगरी जहाँ पर लोगों के साथ सभाएँ होती थीं, उस स्थान पर जब राजा के सैनिक पीछा करते हुए पहुँचे तब डिबा-किशुन चट्टानों के बीच अदृश्य हो जाते और उन पर तीर-कमान से छिपकर हमला करते थे। इससे सैनिकों को पता नहीं चलता कि तीर किस दिशा से आ रही है जिसकी वजह से उन्हें मजबूरन भागना पड़ता था। भाको-भुगलू के न रहने से संगठन टूटने लगा था। जब डिबा-किशुन को पकड़ने सैनिक गए तो उनके बीच युद्ध हुआ जिसमें कई सैनिक, दारोगा और ग्रामीणों की शहादत हुई।

जमींदार ने कुचुंग गाँव के ग्राम प्रधान से डिबा-किशुन को पकड़ने के लिए सहायता माँगी। इसी गाँव से जमींदार राजा को मालगुजारी मिलती थी, जिसे मालगुजारी ना देने का फरमान डिबा-किशुन और भाको-भुगलू ने दिया था। राजा के दबाव से विवश होकर ग्राम प्रधान संगठन छोड़ राजा का सहयोग करने को विवश हुआ। डिबा-किशुन को तोड़ने के लिए कुचुंग गाँव के ग्राम प्रधान की गलती को राजा ने माफी दी।[12] किशुन को उसके गाँव गोविन्दपुर से गिरफ्तार कर लिया गया, जिससे डिबा सोरेन और आन्दोलन, दोनों पूरी तरह कमजोर हो गए। एक दिन, डिबा अपने गुप्त ठिकाने भुयाँनाचना गाँव के कुड़मी महतो के घर में छिपा हुआ था। गुप्त सूचना के आधार पर सैनिक उस गाँव में छापामारी के लिए गए। उन्होंने एक दास लड़के से डिबा के बारे पूछा और उसने सैनिकों को जानकारी दी कि डिबा कुड़मी महतो के घर में है। सैनिकों ने घर को चारों तरफ से घेर लिया और घर के लोगों पर छापा मारने का दबाव बनाया। इस बीच घर के मुखिया ने अनुरोध किया, "हमारे घर में दो महिलाएँ हैं, पहले आप लोग उन्हें बाहर आने दें, फिर घर की छापामारी करें।" मुखिया की बात मान दोनों महिलाएँ घूँघट निकालकर जब दूसरे घर में चली गईं तब सैनिकों ने छापामारी की लेकिन डिबा सोरेन उन्हें घर में नहीं मिला। तत्पश्चात उन्हें यह जानकारी हुई कि महिलाओं के साथ में डिबा सोरेन था जो भेष बदलकर भागा है। इसी प्रकार से डिबा सोरेन ने अपने ठिकाने बदले और कभी टुसूबाई गाँव,

बन खरवनी आदि गाँवों में छिपते-छिपाते हुए अपनी जान बचाई। संगठन के कमजोर होने की वजह से वह अकेला पड़ गया, उसके परम मित्रों की जानें गँवा देने के कारण वह संगठन को चलाने में सक्षम नहीं रहा। तब डिबा सोरेन ने जमींदार राजा के सैनिकों के आगे खुद को आत्मसमर्पण करने का विचार बनाया क्योंकि सैनिक जनता पर अत्यधिक शोषण करने लगे थे। अन्ततः डिबा सोरेन ने आत्मसमर्पण कर दिया। राजा के सैनिकों ने डिबा-किशुन को कैद कर लिया। सैनिकों को आदेश दिया गया कि मातकामबेड़ा का लगान जो बकाया है उसके बदले गाँव के धान के खेत काट लिये जाएँ और जो विरोध करे उनके खेत की फसल को आग के हवाले कर दिया जाए। बुरे वक्त में मातकामबेड़ा गाँव के लिए तारणहार के रूप में एदल गाँव के कुंजु पाल[13] सामने आए। उनका गाँव के लोगों के साथ अच्छा सम्बन्ध था। उन्होंने धान कटने से बचाया और बकाया लगान गाँववालों का जमा कर दिया। जमींदार राजा ने आत्मसमर्पण से प्रसन्न होकर डिबा सोरेन को क्षमादान देते हुए परिवार सहित सराइकेला से बाहर कर दिया। लेकिन किशुन की मृत्यु कैसे हुई, इसके बारे में कोई सही जानकारी नहीं मिलती है। इस आन्दोलन की चिनगारी, जिसे अपने परम बलिदान से भाको मुर्मू-भुगलू मुर्मू ने सींचा था, उसकी लहक शान्त हो गई और राजा ने अपने बल से जनता के आन्दोलन को कुचल दिया।

सामाजिक एवं राजनीतिक प्रभाव

इस आन्दोलन को कुचलने के बाद राजा का शोषण अत्यधिक बढ़ गया। लोगों के बीच राजा के आदेशों की अवहेलना करने की क्षमता नहीं बची थी। जो फरमान जारी होता, लोग उसे बिना किसी विरोध के मान लेते थे। इसी समयावधि में सराइकेला के पड़ोसी जमींदार स्टेट में जनजातियों ने आन्दोलन किया। मयूरभंज में मोचीराम महतो के नेतृत्व में शोषण के खिलाफ एक बड़ा आन्दोलन हुआ जिसे कुचलने में सराइकेला राजा ने अहम भूमिका निभाई। राजा का कद दिन-प्रतिदिन ब्रिटिश सरकार के सामने बढ़ रहा था, इससे प्रसन्न होकर ब्रिटिश सरकार ने उनकी स्थिति, ताकत और पद को परिभाषित करने के लिए सनद प्रदान की।[14]

शहीदों के परिवार की वर्तमान स्थिति

क्षेत्र सर्वेक्षण के दौरान मुझे गाँव के लोग मिले जिन्होंने शहीदों के नामों को अपने स्मृति में गीत के रूप में रखा है, साक्षात्कार के दौरान गाँव के नारायण मुर्मू जी मिले, उन्होंने गाँव में गाए जानेवाले गीत के बारे में मुझे जानकारी दी जिसके बोल है :

डिबा-किशुन डुकीं डुबोया न, भाको-भुगलू दुकीं डैमलिया न।

इसका अर्थ है, भाको-भुगलू के हेरा (गुम) जाने से डिबा-किशुन डूब गए या आन्दोलन कमजोर हो गया। गाँव के टुकलु मांझी जो समुदाय में सबसे बुजुर्ग थे उन्होंने साक्षात्कार के दौरान सन्ताल जनजाति के विशेष नामकरण की संस्कृति के बारे में बताया जिसमें पोते का नाम दादा जी के नाम पर दिया जाता है, जिससे भाको और भुगलू के वंशजों के नाम आसानी से गाँव के बीच मिलते हैं, एक विशेष अवसर पर पांडुगीति गाँव के लोग बोंगबोंगा नदी में जाकर भाको मुर्मू-भुगलू मुर्मू के नाम पर बकरे की बलि देते हैं और उन्हें याद करते हैं। पांडुगीति गाँव की मुख्य सड़क से कुछ दूरी पर भुगलू के नाम पर तालाब है जिसका नामकरण उनके वंशजों ने स्मृति के रूप में किया है। परिवार के लोग कृषि और दिहाड़ी मजदूरी कर अपना जीवन-यापन करते हैं।

उपसंहार

इतिहास के घटनाक्रम का साक्षात्कार, गीतों, मौखिक स्त्रोतों, पुरातात्त्विक स्त्रोतों और जगहों के नामों के अध्ययन, सर्वेक्षण करने से स्पष्ट प्रतीत होता है कि अकाल और आन्दोलन एक साथ हुए। इसका कारण औपनिवेशिक शासकों द्वारा अत्यधिक करो की नीति थी। इसके साथ जंगलों में जाने पर प्रतिबन्ध, नवनिर्मित खदानों से खनन होना, 1855 के बाद रेलवे पथ का निर्माण, उनके प्राकृतिक आवास को छीनकर उन्हें उनके घरों और पूजनीय जंगलों के पेड़ों की कटाई से जनजातीय समुदाय के पास पलायन और दिकुओं से अपने क्षेत्रों के विनाश को देख रहे थे। फसल और मानसून की असीमितता के कारण लोग भूखे मरने को मजबूर थे, अगर वे शासक के खिलाफ कुछ बोलते तो सार्वजनिक रूप से उन्हें शोषित किया जाता या लगान नहीं देने पर उनकी जमीनों को ब्रिटिश सेना के सिपाहियों को नीलाम कर दिया जाता था। जनजाति समुदाय के पास लड़ने या मरने के अलावा और दूसरा कोई रास्ता नहीं बचा था। भूख और शोषण के लड़ाई में उन्होंने लड़कर मरने में अपनी बहादुरी समझी और अपनी माटी की रक्षा के लिए शहीद हो गए। इसी कड़ी में सराइकेला-खरसावाँ राजा के विरोध में सन् 1872 ई. में डिबा-किशुन और भाको-भुगलु मुर्मू ने मरते लोगों को देखकर बोंगबोंगा नदी में लड़ने की शपथ ली। यह आन्दोलन अहम इसलिए था क्योंकि लोगों के पास लड़ने और मरने के अलावा कोई दूसरा रास्ता नहीं था। वे बड़ी बहादुरी से छापामार नीति से लड़े और अपने प्राणों की आहुति दी।

इस आन्दोलन को झारखंड के आन्दोलनों में गिना जाता है, इसके नायक झारखंड की विभूतियों में शामिल हैं और इनके नायक वीर डिबा सोरेन और किशुन मुर्मू के इस आन्दोलन को 'मामा-भांजा आन्दोलन' या 'सोरेन आन्दोलन' के नाम से जाना जाता है। एक महत्त्वपूर्ण डाक टिकट 13 अक्टूबर, 2021 के दिन इन शहीदों के सम्मान में जारी किया गया।

सन्दर्भ

1. जे.सी. प्राइस, *नोट्स ऑन द हिस्ट्री ऑफ मिदनापुर*, 1876, बंगाल सेक्रेटरिएट प्रेस, कोलकाता, पृ. 36
2. *रिपोर्ट ऑफ द इंडियन फेमिन कमीशन*, प्रथम संस्करण, 1880, रेवेनउ एंड एग्रीकल्चर डिपार्टमेंट प्रेस, कोलकाता, पृ. 82
3. सर रोपर लेथब्रिज, *द गोल्डन बुक ऑफ इंडिया : अ जीनोलोजीकल एंड बायोग्राफिकल डिक्शनरी ऑफ द रूलिंग प्रिंसेस चीफ नोबल्स एंड अदर पेर्सोनागेस टाइटल्ड एंड डेकोरेटेड ऑफ द इंडियन अम्पायर*, 1893, मैकमिलन एंड कम्पनी, लन्दन एंड न्यूयॉर्क, पृ. 480
4. लोकनाथ घोष, *द मॉडर्न हिस्ट्री : ऑफ द इंडियन चीफ राजा जमींदार*, प्रथम संस्करण, 1881, मुद्रक व प्रकाशक : जे.एन. घोष, कोलकाता, पृ. 202
5. *दीज फिगर्स टेल्स : ए स्टोरी ऑफ कॉन्फिडेंस, गुडविल, प्रोग्रेस एंड सक्सेस*, 1938, ठाकरे प्रेस एंड डायरेक्ट्रीज एल.टी.डी., कोलकाता, पृ. 115
6. आई.एस.एस.ओ., मैली, *बंगाल डिस्ट्रिक्ट गजेटियर्स : सिंहभूम, सराइकेला और खरसवाँ* 1910, बंगाल सेक्रेटरिएट प्रेस, कोलकाता, पृ. 231
7. सुनील कुमार डे (सम्पा.), *झारखंड प्रभा बहुभाषी साहित्यक पत्रिका*, अंक-10, 2014, झारखंड साहित्य-संस्कृति परिषद, पूर्वी सिंहभूम, पृ. 82
8. डाकुवा-खबर करनेवाला
9. *रिपोर्ट ऑन द एडमिनिस्ट्रेशन ऑफ द बंगाल*, 1874-1875, बंगाल सेक्रेटरिएट प्रेस, कोलकाता, पृ. 180
10. सुनील कुमार डे (सम्पा.), *झारखंड प्रभा बहुभाषी साहित्यक पत्रिका*, अंक-10, 2014, झारखंड साहित्य-संस्कृति परिषद, पूर्वी सिंहभूम, पृ. 82
11. वही, पृ. 83
12. वही, पृ. 83
13. वही, पृ. 83
14. सी.यू. अतिचिसन, *अ कलेक्शन ऑफ ट्रीट्रीज : इंगेजमेंट एंड सनद रिलेटिंग टू इंडिया एंड नेबरिंग कंट्रीज* (रिवाइज्ड एंड कंटीन्यूड टू 1929), पृ. 406

भाको मुर्मू और भुगलु मुर्मू की वंशावली

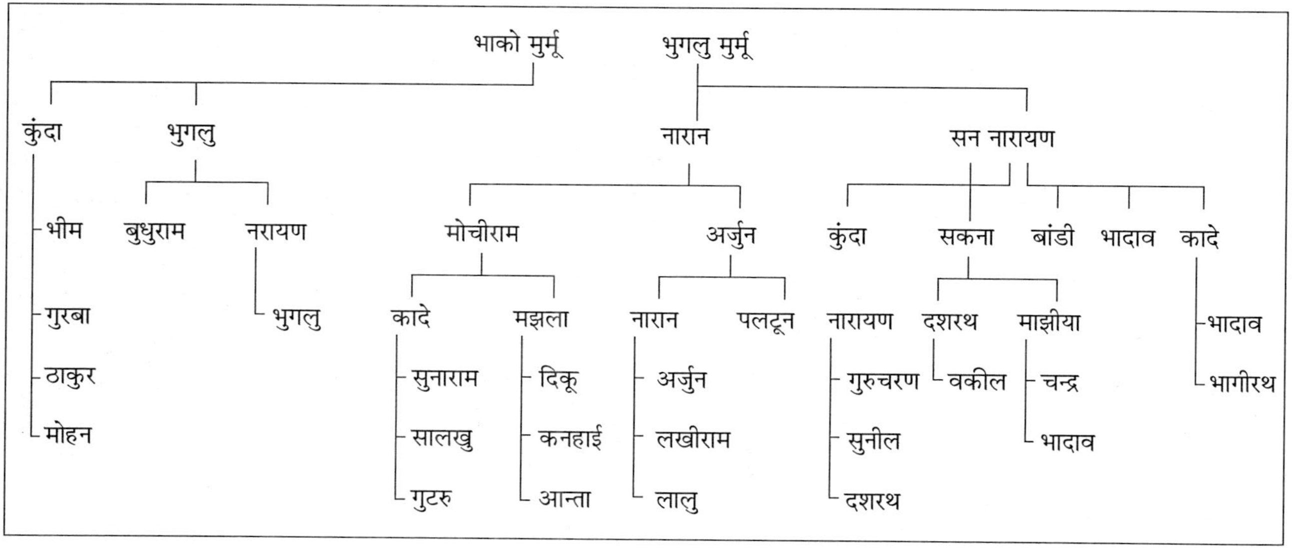

भुगलू के परिवार की वंशावली गाँव के टुकलु मांझी और ग्राम पंचायत से सत्यापित

परिशिष्ट

INDEX- I

सनद अनुदान दिया, 1899 ई. जबकि छोटानागपुर में राजनीतिक राज्य सराइकेला में ब्रिटिश सरकार के सन्दर्भ में स्थिति और पद अब तक अपरिभाषित रहे हैं और समय-समय पर इसके सम्बन्ध में सन्देह उत्पन्न होते रहे हैं; महामहिम वायसरॉय और काउंसिल में गवर्नर-जनरल राजा उदित नारायण सिंह देव बहादुर को निम्नलिखित सनद आपसे प्रसन्न होकर प्रदान करने की कृपा कर रहे हैं। ब्रिटिश सरकार तब तक आश्वस्त रहेगी जब तक आप क्राउन के प्रति वफादार रहेंगे—

सनद

I. You, Raja Udit Naryan Singh Deo Bahadur, son of Raja Churkadhar Singh Deo Bahadur, are hereby formally recognised as the Feudatory Chief of the Seraikella State and you are permitted, as heretofore, to generally administer the territory of the said Seraikella State, subject to the conditions hereinafter prescribed. In like manner, your heirs and successors shall become entitled to your privileges and liable to your obligations; provided that no succession shall be valid until it has been recognised by His Excellency the Viceroy and Governor General in Council.

II. Your successors shall pay nazarana to the British Government on succession in accordance with the general rules on that subject for the time being in force.

III. You shall conform in all matters concerning the preservation of law and order and the administration of justice generally, with the limits of your State, to the instructions issued from time to time for your guidance by His Honour the Lieutenant-Governor of Bengal. You will appoint such officers and pay them such emoluments as on full consideration of the circumstances and of such representations as you may wish to make, may, from time, appear necessary to His Honour the Lieutenant-Governor of Bengal, for the proper hearing of cases and administration of justice in your State. It will also be competent to you to nominate for appointment by His Honours as Honorary Magistrates or Munsifs such other persons as you may wish to be appointed from time to time.

IV. You shall deliver up any offender from British or other territory who may take refuge in your State. You shall aid British Officers who may pursue criminals into your territory, andd in the event of offenders from your own State taking refuge in British or other territory, you shall make a representation on the matter to the authorities concerned.

V. You shall administer justice fairly and impartially to all alike.

VI. You shall recognise and maintain the rights of all your people, and you shall on no account oppress them or suffer them to be in any way oppressed.

VII. You shall levy no tolls or duties of any kind on grain, merchandise, or other articles passing into, or out of, or through your State without the permission of His Honour the Lieutenant-Governor of Bengal.

VIII. You shall consult the Commissioner of Chota Nagpur in all important matters of administration and comply with his wishes. The settlement and collection of the revenue, the imposition of taxes, the administration of justice, arrangements connected with excise, salt and opium, the concession of mining, forest and other rights, disputes arising out of any much concession, and disputes in which other States are concerned, shall be regarded as specially important matters, and in respect to them you shall at all times conform to such advice as the Commissioner may give you.

IX. The right to catch elephants in your State is granted to you as a personal concession and as a matter of favour, but this concession in liable to withdrawal whenever it may seem desirable either on account of abuse or for other reasons, and it will not necessarily be granted to your successor.

X. All questions as to boundaries between your State and British or other territory will be dealt with by the Commissioner of Chota Nagpur or such other officer as the Government of India or His Honour the Lieutenant-Governor of Bengal may appoint, either generally, or specially in that behalf, with two assessors, one of whom is to be nominated by yourself, unless in any such case you should prefer that the question should be decided by such Commissioner or other officer alone, in which case the question shall be referred for his decision accordingly.

CURZON OF KEDLESTON
Viceroy and Governor-General of India

CALCUTTA;
The 8th of March 1899

INDEX-II

Feb. 14, 1874 THE PENNY ILLUSTRATED PAPER 109

THE BENGAL FAMINE.

QUEEN VICTORIA,

DEATHS FROM STARVATION

FAMINE IN INDIA: A STREET SCENE.

OUR ILLUSTRATIONS

शहीद जीतराम बेदिया

विवेक आर्यन

भारतीय स्वाधीनता की पहली लड़ाई के रूप में विख्यात 1857 की क्रान्ति में झारखंड का अहम योगदान था। छोटानागपुर, पलामू, हजारीबाग सहित झारखंड के भी विभिन्न क्षेत्रों में 1857 की क्रान्ति के प्रभाव स्वरूप विद्रोह शुरू हो चुके थे। तब ओरमांझी क्षेत्र में शहीद टिकैत उमराव और शेख भिखारी कमान सँभाल रहे थे। अंग्रेजों द्वारा उन्हें सरेआम फाँसी पर लटका देने के बाद जिन्होंने ओरमांझी के क्षेत्र में क्रान्ति की मशाल को जलाए रखा, वे थे जीतराम बेदिया। जीतराम बेदिया ने गुरिल्ला युद्ध-पद्धति से अंग्रेजी हुकूमत की नाक में दम किये रखा और अन्त में उन्हीं की गोली के शिकार हो गए। लेकिन स्वतंत्रता संग्राम में उनके बलिदान को भुला दिया गया। उनकी शहादत के किस्से लोगों की जुबान से किताब के पन्नों तक सफर नहीं कर पाए।

यह अध्याय 1857 की क्रान्ति में झारखंड के परिप्रेक्ष्य में नायक की भूमिका में रहे जीतराम बेदिया की जीवनी, आन्दोलन में उनकी भूमिका, उनके रण-कौशल और उनकी शहादत पर प्रकाश डालता है। शोध का मुख्य आधार वंशजों द्वारा उपलब्ध कराए गए साक्ष्य, स्थल भ्रमण, स्थानीय प्रमाण और अकादमिक किताबों में उपलब्ध आंशिक जानकारियाँ हैं। अभिलेखागार में जीतराम बेदिया के सम्बन्ध में कोई जानकारी प्राप्त नहीं हुई, लेकिन वंशजों द्वारा प्रस्तुत प्रमाण उनके नायकत्व को स्थापित करने और कहानी की कड़ियों को जोड़ने के लिए पर्याप्त हैं। इस अध्याय का उद्देश्य जीतराम बेदिया को भारतीय स्वतंत्रता के इतिहास में उचित स्थान दिलाना और देश को उनकी शहादत के बारे में बताना है।

परिचय

शहीद जीतराम बेदिया पर शोध का घटनाक्रम दिलचस्प है। ओरमांझी के रास्ते से गुजरते हुए हरी-भरी गगारी पहाड़ किसी का भी ध्यान आकर्षित कर लेती है। मेरी वहाँ जाने की प्रबल इच्छा हुई। तब पता नहीं था कि पहाड़ का नाम गगारी पहाड़ है, जो पास के ही गाँव गगारी के नाम पर पड़ा है। जाने पर पता चला कि यह शहीद जीतराम बेदिया के छुपने का स्थान हुआ करता था। जीतराम बेदिया अपने दस्ते के साथ रात में गाँव-गाँव घूमकर आन्दोलन की योजना बनाते थे, अंग्रेजी सेना पर हमला करते थे और दिन में इसी पहाड़ में छुपकर रहते थे। महीनों तक अंग्रेज उन्हें पकड़ नहीं पाए।

जीतराम बेदिया के बारे में जानने को लेकर दिलचस्पी बढ़ी। इसी क्रम में बेदिया विकास परिषद के लोगों से मुलाकात हुई, जो कई सालों से जीतराम बेदिया से सम्बन्धित आयोजन करते आ रहे थे। उन्होंने जीतराम बेदिया के आन्दोलन और उनकी शहादत को लेकर कई जानकारियाँ दीं, लेकिन उनके ऐतिहासिक प्रमाण ढूँढ़ना आवश्यक था। बेदिया विकास परिषद के माध्यम से ही मैं जीतराम बेदिया के वंशजों से मिला। उन्होंने मुझे जीतराम बेदिया के हथियार, बैठक का स्थान और जमीन सम्बन्धी दस्तावेज आदि चीजें दिखाईं।

गगारी गाँव में जीतराम बेदिया की बड़ी सी प्रतिमा दिखी, बताया गया कि हर साल उनकी पुण्यतिथि पर यहाँ लोग जुटते हैं और कई तरह के आयोजन होते हैं। यह मेरे लिए बेहद आश्चर्यजनक था कि गाँव में जिनकी प्रतिमा लगी है, लोग जिन्हें पूजते हैं और जिनकी शहादत की कहानियाँ गाँव के हर बच्चे की जुबान पर हैं, उनके बारे में इतिहास में कुछ भी नहीं मिलता। वे भी झारखंड के अनगिनत नायकों की तरह गुमनाम ही रह गए हैं।

बिहार और पश्चिम बंगाल के राज्य अभिलेखागारों में 1857 की क्रान्ति में शहीद टिकैत उमराँव और शेख भिखारी से सम्बन्धित दस्तावेज तो मिलते हैं, लेकिन उनमें जीतराम बेदिया का विवरण नहीं है। हालाँकि कई अखबारों और झारखंड विधानसभा द्वारा प्रकाशित कुछ प्रतियों में उनका उल्लेख अवश्य है। इन्हीं के आधार पर शहीद जीतराम बेदिया का नायकत्व स्थापित होता है।

प्रारम्भिक जीवन

जीतराम बेदिया का जन्म 30 दिसम्बर, 1802 को राँची जिले के ओरमांझी प्रखंड अन्तर्गत गगारी गाँव में हुआ था। उनके पिता का नाम जगतनाथ बेदिया, माता का नाम महेश्वरी देवी और पत्नी का नाम गायत्री देवी था। जीतराम तीन भाइयों में से सबसे बड़े थे। पिता जगतनाथ बेदिया पेशे से किसान थे और घर में गाय, बैल,

बकरी, भेड़, भैंस, सुअर आदि पालते थे।[1] बचपन से ही जीतराम अपने पिता के साथ जानवरों को चराने जंगल और पहाड़ों पर जाया करते थे। जीतराम बेदिया का गाँव ओरमांझी ब्लॉक से लगभग 10 किलोमीटर दूर गगारी गाँव जंगल के बीच पहाड़ की तराइयों में बसा हुआ है। इस वजह से पहाड़ और जंगल से उनका आत्मीय जुड़ाव था।

जीतराम के पिता के निधन के बाद परिवार सहित पशुओं की जिम्मेवारी उनके कन्धों पर आ गई। वे जंगल और पहाड़ों पर अकसर भेड़-बकरियाँ चराने जाते थे। वे पहाड़-पहाड़ विचरण करते थे। झारखंड में आदिवासी चरवाहों में बाँसुरी वादन एक परम्परा की तरह है, जीतराम भी इससे अछूते नहीं थे। उन्होंने बाँस को काटकर बाँसुरी बनाई थी और जानवरों को चराते हुए पहाड़ों पर बैठकर वे बाँसुरी बजाया करते थे। वे बाँसुरी के अलावा ढोल, माँदर व नगाड़ा बजाने में भी पारंगत थे। करमा-जितिया, सोहराय और सरहुल के दिन जीतराम अखड़ा में माँदर, ढोल व नगाड़ा बजाते थे।[2]

जीतराम बेदिया के वंशजों के अनुसार वे प्रकृति के पुजारी थे। वे सिंगबोंगा देवता (सूर्य), वनजारी देवता (मारंग बुरु), गाँवा देवता, जसपुरिया, गगारी गोसाई, सरना की पूजा करते थे। प्रकृति और अपनी परम्पराओं से उनका लगाव था। कुशल वादन और अच्छे आचरण के कारण वे आसपास के गाँवों में लोकप्रिय थे।

अपना अधिकांश समय पहाड़ों और जंगलों में बिताने के कारण जीतराम को आसपास के इलाके की अच्छी समझ भी थी और साथ ही जंगली जड़ी-बूटियों के बारे में असाधारण जानकारी भी। जल्द ही उन्होंने आसपास के गाँववालों का जड़ी-बूटी के माध्यम से इलाज भी शुरू कर दिया।[3] इस दौरान वे लगातार कई तरह के लोगों से मिलने लगे और उनकी परेशानियों से वाकिफ होने लगे। यहाँ से जीतराम बेदिया सामाजिक न्याय और लोगों के अधिकारों के प्रति संवेदनशील होने लगे। अब तक पिता और पुरखों से अंग्रेजों की दमनकारी नीति की जो गाथा उन्होंने सुनी थी, उसे वे अपने आसपास भी महसूस करने लगे थे। उन्हें झारखंड में हुए पूर्व के विद्रोहों (चेरो, तमाड़, कोल आदि) की जानकारी थी। उनके मन में अंग्रेजी हुकूमत को प्रति रोष पैदा होने लगा और उन्होंने अन्याय के खिलाफ लड़ने का निश्चय किया।

1857 के विद्रोह में जब खटंगा गाँव के राजा टिकैत उमराँव और शेख भिखारी ने विद्रोह किया, तो जीतराम बेदिया भी उनके साथ हो चले। बाद में दोनों की शहादत के बाद उन्होंने कई महीनों तक ओरमांझी क्षेत्र में विद्रोह की कमान सँभाली।

क्षेत्र और आन्दोलन

1832 में मुंडा-हो क्रान्ति (कोल विद्रोह) समाप्त होने के बाद 25 सालों तक झारखंड की धरती पर कोई बड़ा आन्दोलन देखने को नहीं मिला, लेकिन यह इलाका पूरी तरह शान्त कभी नहीं रहा। मुंडा-हो क्रान्ति के फलस्वरूप इन 25 सालों में यहाँ कई प्रशासकीय परिवर्तन भी हुए। कई अधिकारी बदले गए, शासकीय प्रक्रिया भी बदली, लेकिन आदिवासियों की जमीन सम्बन्धी समस्या में कोई सुधार देखने को नहीं मिला।[4] जंगलों में कम्पनी राज का शोषण जारी रहा और आदिवासियों को अपनी ही जमीन से बेदखल किया जाता रहा। कम्पनी शासन के खिलाफ यहाँ के आदिवासियों की शिकायतें बढ़ती रहीं और उनके दिलों में ब्रिटिश राज के खिलाफ क्रान्ति की भावना को हवा मिलती रही।

इधर छोटानागपुर के राजाओं और जमींदारों में असन्तोष था, क्योंकि उनके ऊपर प्रत्यक्ष और परोक्ष रूप से कम्पनी अपना हुकूमत थोप रही थी। यहाँ के राजाओं द्वारा अपने अनुयायियों को दी गई जमीनें और विशेषाधिकार कम्पनी शासन में छिनने लगे थे। ऐसे में ब्रिटिश राज से वे भी खासे नाराज थे।[5]

इन सबके अलावा लोगों में अशान्ति का एक और प्रमुख कारण था। पूर्व के विद्रोहों के बाद अंग्रेजी हुकूमत ने कई अधिकारियों को विद्रोही क्षेत्रों पर नजर बनाए रखने का आदेश दिया था, जिससे नए विद्रोहों को रोका जा सके। लेकिन उन अधिकारियों ने नजर बनाए रखने की आड़ में आदिवासियों पर कई तरह की यातनाएँ ढाईं। आदिवासियों को पेड़ पर लटकाकर फाँसी दी गई, लोगों को गाँव से बाहर निकाला गया और मासूमों के साथ बर्बर हिंसा हुई। ये भी विद्रोह के तात्कालिक कारण बने।

1857 में जब विद्रोह की आग पूरे देश में फैली, तब झारखंड के आदिवासियों के साथ राजाओं, जमींदारों और बाकी लोगों ने भी बढ़-चढ़कर भाग लिया। हालाँकि अंग्रेजी लेखकों ने इसे सिर्फ जमींदारों और राजाओं का षड्यंत्र बताने की पूरी कोशिश की है, लेकिन यह मात्र जमींदारों का नहीं अपितु मुख्य रूप से साधारण आदिवासियों की लड़ाई थी। सच यह है कि इसमें जमींदारों ने आम लोगों का साथ दिया, जिस कारण यह विद्रोह प्रभावी भी रहा।

झारखंड में दक्षिणी छोटानागपुर का क्षेत्र भी ऐसे ही विद्रोह का एक केन्द्र था। राँची सहित पिठौरिया, रामगढ़ और हजारीबाग तक यह विद्रोह फैला था। अपनी जमीन पर कर और शोषण की समस्याओं को लेकर लोगों ने विद्रोह का फैसला किया, जिसका नेतृत्व वर्तमान के ओरमांझी प्रखंड में खटंगा गाँव के रहनेवाले राजा टिकैत उमराँव ने किया। इस विद्रोह में टिकैत उमराँव सिंह को नेतृत्व की भूमिका में खुदिया गाँव के रहनेवाले उनके दीवान शेख भिखारी, भाई प्यासी सिंह और गुमनाम शहीद जीतराम बेदिया का साथ मिला।[6]

टिकैत उमराँव सिंह, शेख भिखारी और उनके साथ जीतराम बेदिया छुप-छुपकर बैठकें करने लगे। विद्रोह की रणनीति तय होने लगी और तीनों ने अपने-अपने इलाकों का नेतृत्व सँभाला। इस बार के आन्दोलन में खास बात थी कि राजा, जमींदार और आम लोग सभी मिलकर विद्रोह कर रहे थे। जीतराम के वंशज बताते हैं कि अंग्रेजों के डर से रात में पहाड़ों पर बैठकें होती थीं और दिन में वे छुपे रहते थे।

जीतराम ने अपने लड़ाकों को तीर-धनुष, तलवार, ढेलबाँस[7], ढेला[8], गुलेल, कुल्हाड़ी, बल्लम[9], बरछी[10], दराँती[11] और हँसुआ[12] जमा करने को कहा। जीतराम को पता था कि अंग्रेजों के पास आधुनिक हथियार हैं, गोलियाँ हैं, बन्दूकें हैं, लेकिन उन्होंने अपने लडा़कों को यकीन दिलाया कि वे पारम्परिक हथियार से ही उनका मुकाबला करेंगे। कुछ नए लोगों को जीतराम ने प्रशिक्षण भी देना शुरू किया। उधर टिकैत उमराँव के साथ मिलकर विद्रोह की रूपरेखा भी तय होती रही। विदित हो कि राज्य के अलग-अलग हिस्सों में विद्रोह का स्वरूप अलग-अलग था। सिंहभूम में विद्रोह सबसे उग्र था, वहीं हजारीबाग में यह महज सिपाहियों का विद्रोह था। लेकिन मानभूम, पलामू और राँची के क्षेत्र में आम लोग भी विद्रोह से जुड़े थे और यह एक जन आन्दोलन का रूप ले चुका था।[13] ओरमांझी क्षेत्र में इस विद्रोह को जन आन्दोलन बनाने में जीतराम बेदिया की अहम भूमिका थी।

इधर डोरंडा और राँची में विद्रोहियों ने सरकारी कार्यालयों पर हमला करना शुरू कर दिया। डोरंडा में अंग्रेजों के बँगले जला डाले गये, राँची कचहरी में आग लगा दी गई। विद्रोहियों ने सरकारी खजाना लूट लिया और जेल के फाटकों को तोड़कर सभी कैदियों को छुड़ा लिया। प्रशासन की पूरी व्यवस्था ठप हो गई। राँची क्षेत्र का विद्रोह वृहद था और नियंत्रण के बाहर हो रहा था। ऐसे में विद्रोहों को दबाने के लिए अंग्रेजों ने फौज को तैनात करना शुरू किया। राँची के ओरमांझी में शुरू हुए विद्रोह को रोकने के लिए अंग्रेज शासकों ने मेजर मैकडोनाल्ड के नेतृत्व में मद्रास रेजिमेंट की फौज को भेजा। वह बटालियन रामगढ़ में कैम्प लगाकर तैनात हो गई। ओरमांझी के लड़ाकों से उनका सामना अकसर हो जाता था।

आदिवासी गुरिल्ला (छापामार युद्ध) युद्ध में माहिर थे। चुटुपालू घाटी के घने जंगलों में वे छिपकर बैठे रहते थे। कोई पेड़ पर, कोई पहाड़ या चट्टान से छुपकर। जैसे ही सेना या सरकारी काफिला उधर से गुरजता, आगे से एक व्यक्ति विद्रोहियों को गुप्त भाषा (चिड़िया की आवाज निकालकर) सतर्क कर देता। फिर जैसे ही अंग्रेजी फौज नजदीक आती, उन पर तीरों की बौछार कर दी जाती। फिर उनसे युद्ध कर उन्हें लूट लिया जाता था। इस प्रकार के युद्ध की कमान अकसर जीतराम बेदिया ही सँभालते थे।

विद्रोह को शान्त करने के लिए मैकडोनाल्ड ने ओरमांझी से विद्रोह का नेतृत्व कर रहे टिकैट उमराँव सिंह, शेख भिखारी और प्यासी सिंह को गिरफ्तार कर लिया। जन आक्रोश फैलने के डर से उन्हें ओरमांझी में फाँसी नहीं देकर राँची लाया गया। राँची में मोरहाबादी के निकट टैगोर हिल के पास टिकैत उमराँव और शेख भिखारी को 8 जनवरी, 1858 को फाँसी दे दी गई।[14] जिस स्थान पर दोनों को फाँसी दी गई, उसे आज भी टुंगरी फाँसी के नाम से जाना जाता है। बेदिया समाज के कुछ लोगों का दावा है कि टैगोर हिल के पास फाँसी देने के बाद दोनों के शवों को चुटुपालू घाटी में एक पेड़ से लटका दिया गया था। ऐसा कर अंग्रेज ओरमांझी के आदिवासी लड़ाकों को भयभीत करना चाहते थे।

विद्रोह के नायक की भूमिका में जीतराम बेदिया

राजा टिकैत उमराँव और दीवान शेख भिखारी की गिरफ्तारी के बाद से ही ओरमांझी क्षेत्र में पूरे विद्रोह की कमान जीतराम बेदिया ने सँभाल ली। वे टिकैत उमराँव और शेख भिखारी को फाँसी दिये जाने से आहत थे। उन्होंने इस क्षेत्र से मेजर मैकडोनाल्ड को मार भगाने की घोषणा की और छापामार युद्ध जारी रखा। अंग्रेजों के लिए जीतराम बेदिया को गिरफ्तार कर पाना चुनौतीपूर्ण कार्य था। उन्होंने जीतराम को मार डालने की योजना बनाई।[15]

इधर जीतराम सतर्क हो गये, उन्होंने रात में बैठकें शुरू कीं। मोहदीगढ़ से लेकर गगारी गाँव के बीच की पहाड़ियों पर छुपकर बैठकें करते थे और दिन में छुपकर रहते थे। उन्होंने लोगों को संगठित करना शुरू किया, जिससे लड़ाई को मजबूती मिल सके। इधर अंग्रेजों ने जीतराम बेदिया की गतिविधियों पर नजर रखना शुरू किया, उनसे जुड़ी छोटी-छोटी चीजों की जानकारी इकट्ठा की जाने लगी।

जीतराम का दिन में ठिकाना गगारी पहाड़ ही था। यह दुर्गम पहाड़ था, जहाँ आदिवासी लड़ाकों को ढूँढ़ पाना मुश्किल था। अंग्रेज दिन में उन्हें पकड़ नहीं पाते थे, और रात में जीतराम छुपकर आक्रमण करते थे। लोगों से संवाद का भी यही समय था।

शहादत

23 अप्रैल, 1858 को जीतराम अपने साथियों के साथ घोड़ों पर सवार होकर गाँव के लोगों के बीच थे। तभी मेजर मैकडोनाल्ड अपने सैनिकों के साथ वहाँ आ पहुँचे। उन्हें जीतराम के आने की सूचना पहले से थी। अंग्रेजी सैनिकों से बचने के लिए जीतराम और उनके साथी चुटुपालू घाटी की तरफ भागे।

लेकिन मैकडोनाल्ड ने गाँव से थोड़ी ही दूर बंसैरगढ़ा के नाले के पास उन्हें घेर लिया। जीतराम और उनके साथी घोड़े पर सवार थे, उनके हाथों में तीर-कमान और तलवारें थीं। अंग्रेजों ने लड़ाकों की तरफ बन्दूकें तान दी और मेजर मैकडोनाल्ड ने जीतराम और उनके साथियों को आत्मसमर्पण करने को कहा। जीतराम ने आत्मसमर्पण की बात ठुकरा दी। इसके बाद अंग्रेजी सैनिकों ने मेजर मैकडोनाल्ड के आदेश पर गोलियाँ चलानी शुरू कर दीं। जीतराम के कई साथी घायल हुए, कई लोग शहीद हो गये, लेकिन कुछ लोग अंग्रेजों से मुकाबला करते रहे। अन्त में, जीतराम बेदिया और उनका घोड़ा भी अंग्रेजी गोली का शिकार हुए और शहीद हो गए। शहीद जीतराम बेदिया के वंशज बताते हैं कि दोनों को अंग्रेजों ने बंसैरगढ़ा में ही दफना दिया। उस दिन से बंसैरगढ़ा को घोड़ागढ़ा के नाम भी जाना जाता है।[16]

उपसंहार

आजादी की लड़ाई में शहीद जीतराम बेदिया का अहम योगदान रहा। उन्होंने कई महीनों तक अकेले ही ओरमांझी क्षेत्र में विद्रोह का नेतृत्व किया और अंग्रेजों से लड़ाई करते रहे। उनके जीवित रहने तक आन्दोलन चलता रहा। लेकिन उनकी मृत्यु के बाद आन्दोलन बिखरकर खत्म हो गया। जीतराम बेदिया के वंशजों ने अब तक उनके हथियार सँभाल के रखे हैं, जिनमें फरसा, कुल्हाड़ी, तलवार और तीर-कमान आदि शामिल हैं। जिस आवास में वे रहते थे, वह अब टूट चुका है। गगारी गाँव के पास का पहाड़ उनकी बैठकों का प्रमाण है। जिस स्थान पर वे शहीद हुए, वहाँ से थोड़ी दूरी पर उनकी मूर्ति लगाई गई है। उनके शहादत दिवस पर हर साल लोग उन्हें श्रद्धांजलि देते हैं। जीतराम बेदिया के वंशजों को झारखंड सरकार ने सम्मानित भी किया है।

शहीद जीतराम बेदिया के वंशजों ने कई सालों तक उनसे जुड़ी तमाम चीजों को छुपाए रखा। उनकी कहानी भी किसी को नहीं बताई, क्योंकि उन्हें डर था कि अंग्रेज उन्हें नुकसान पहुँचा सकते हैं। देश की आजादी तक उनके पुरखों ने अंग्रेजों से यह बात छुपाकर रखी कि वे जीतराम बेदिया के वंशज हैं, बाद में नई पीढ़ी को भी यही हिदायत दी गई कि किसी से इस बारे में चर्चा न करें। हालाँकि बाद में समुदाय के कुछ लोगों के समझाने के बाद वे सामने आए और फिर जीतराम बेदिया की कहानी चर्चा में आ पाई है।

सन्दर्भ

1. धर्मनाथ बेदिया, वंशज, जीतराम बेदिया, गगारी से साक्षात्कार के आधार पर
2. सघन बेदिया, वंशज, जीतराम बेदिया, गगारी से साक्षात्कार के आधार पर
3. अकलू बेदिया, वंशज, जीतराम बेदिया, गगारी से साक्षात्कार के आधार पर
4. बी. वीरोत्तम, *झारखंड : इतिहास एवं संस्कृति,* 2020, बिहार हिन्दी ग्रन्थ अकादमी
5. वही
6. वही
7. बाँस से बना एक पारम्परिक हथियार
8. पत्थर
9. एक अन्य पारम्परिक हथियार
10. धारदार हथियार, जिससे आमतौर पर फसल काटी जाती है
11. रेंतने के लिए उपयोग में लाया जानेवाला औजार
12. फसल काटने का एक अन्य औजार
13. बी. वीरोत्तम, *झारखंड : इतिहास एवं संस्कृति,* 2020, बिहार हिन्दी ग्रन्थ अकादमी
14. वही
15. बेदिया विकास परिषद के सदस्यों से साक्षात्कार के आधार पर
16. वंशज धर्मराज बेदिया से साक्षात्कार के आधार पर

जीतराम बेदिया की वंशावली

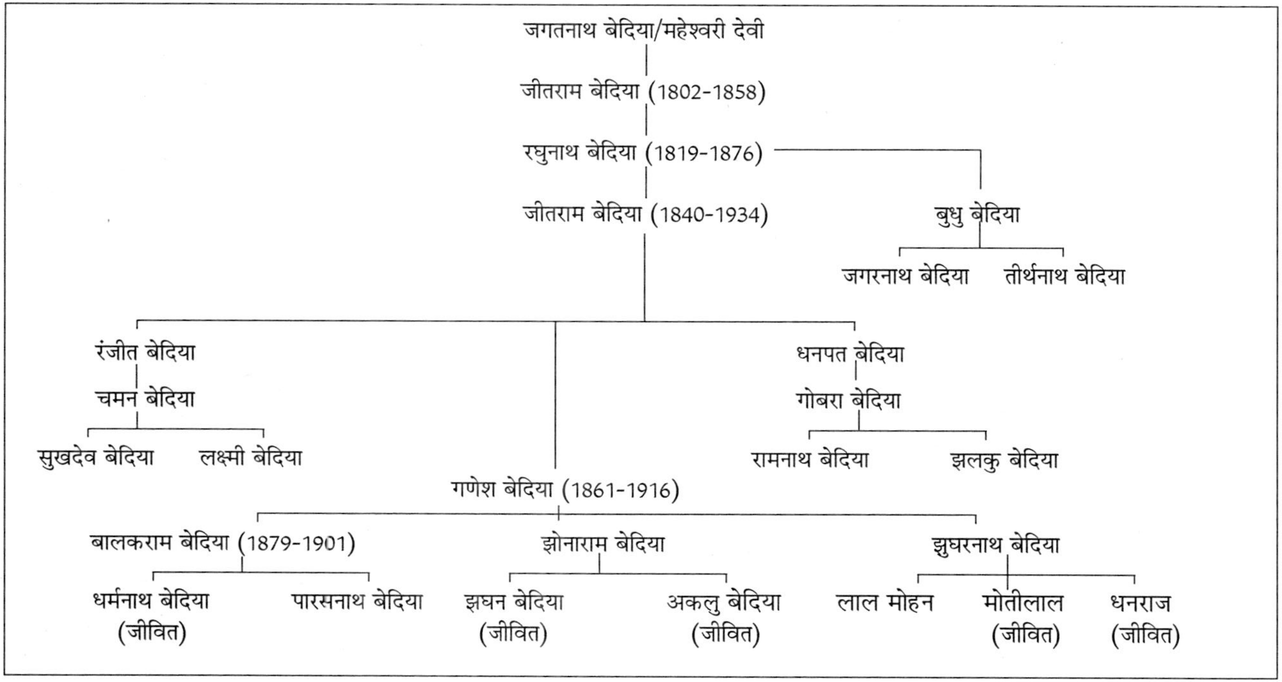

बंसैरगढ़ा (घोड़ागढ़ा) के पास शहीद जीतराम बेदिया का स्मारक

विद्रोह की रणनीति तय करने का स्थान

जीतराम बेदिया का पैतृक आवास

जीतराम बेदिया के वंशज

वंशजों के पास सुरक्षित जीतराम बेदिया के हथियार

सन्दर्भ-ग्रन्थ सूची

शहीद हाथीराम मुंडा और हाड़ी मुंडा

बंगाल एडमिनिस्ट्रेटिव रिपोर्ट, 1898-1900, मुंडा डिस्टर्बेसेंज इन राँची, पृ. 4
आउटब्रेक ऑफ मुंडाज इन राँची डिस्ट्रिक्ट, डिफेंस, बी, 8-1900 (रा. अभि.)
डेमी—ऑफिशियल नं. 15-डी, 10 जनवरी, 1900
फ्रॉम—जे.पी. हिवेट, सीएसआई, सीआईई, सेक्रेटरी टू द गवर्नमेंट ऑफ इंडिया, होम डिपार्टमेंट
टू—सर ए. गोडले, केसीबी, हर मैजिस्टीज अंडर सेक्रेटरी ऑफ द स्टेट फॉर इंडिया
डेमी—ऑफिशियल नं. 15-डी, 10 जनवरी, 1900
फ्रॉम—द ऑनरेबल मि. सी.डब्ल्यू. बोल्टन, सीआईई, चीफ सेक्रेटरी टू द गवर्नमेंट ऑफ बंगाल
टू—जे.पी. हिवेट, सीएसआई, सीआईई, सेक्रेटरी टू द गवर्नमेंट ऑफ इंडिया, होम डिपार्टमेंट
डेमी—ऑफिशियल नं. 15-डी, 15 जनवरी, 1900
फ्रॉम—द ऑनरेबल मि. सी.डब्ल्यू. बोल्टन, सीआईई, चीफ सेक्रेटरी टू द गवर्नमेंट ऑफ बंगाल
टू—जे.पी. हिवेट, सीएसआई, सीआईई, सेक्रेटरी टू द गवर्नमेंट ऑफ इंडिया, होम डिपार्टमेंट
डेमी—ऑफिशियल नं. 15-डी, 16 जनवरी, 1900
फ्रॉम—जे.पी. हिवेट, सीएसआई, सीआईई, सेक्रेटरी टू द गवर्नमेंट ऑफ इंडिया, होम डिपार्टमेंट
टू—द ऑनरेबल मि. सी.डब्ल्यू. बोल्टन, सीआईई, चीफ सेक्रेटरी टू द गवर्नमेंट ऑफ बंगाल
डेमी—ऑफिशियल नं. 15-डी, 17 जनवरी, 1900
फ्रॉम—जे.पी. हिवेट, सीएसआई, सीआईई, सेक्रेटरी टू द गवर्नमेंट ऑफ इंडिया, होम डिपार्टमेंट
टू—द ऑनरेबल मि. सी.डब्ल्यू. बोल्टन, सीआईई, चीफ सेक्रेटरी टू द गवर्नमेंट ऑफ बंगाल
डेमी—ऑफिशियल नं. 15-डी, 18 जनवरी, 1900
फ्रॉम—द ऑनरेबल मि. सी.डब्ल्यू. बोल्टन, सीआईई, चीफ सेक्रेटरी टू द गवर्नमेंट ऑफ बंगाल
टू—जे.पी. हिवेट, सीएसआई, सीआईई, सेक्रेटरी टू द गवर्नमेंट ऑफ इंडिया, होम डिपार्टमेंट
एक्सट्रैक्ट फ्रॉम ए डेमी ऑफिशियल लेटर फ्रॉम मि. ए. फोर्ब्स, सीएसआई, कमिश्नर ऑफ छोटानागपुर, 25 जनवरी, 1900
डेमी—ऑफिशियल नं. 15-डी, 28 जनवरी, 1900
फ्रॉम—ए. फोर्ब्स, सीएसआई, कमिश्नर, कमिश्नर, राँची डिविजन
टू—द ऑनरेबल मि. सी.डब्ल्यू. बोल्टन, सीआईई, चीफ सेक्रेटरी टू द गवर्नमेंट ऑफ बंगाल
फॉरवर्डेड कॉपी ऑफ ए रिपोर्ट फ्रॉम द कमिश्नर, छोटानागपुर डिविजन रिलेटिंग टू द अटैक ऑन सईल रकाब हिल, नं. 762-जे, 8 फरवरी, 1900
मुंडा डिस्टर्बेसेज इन द छोटानागपुर डिवीजन एंड द क्रिमिनल प्रोसिक्यूशन अराइजिंग देयरफ्रॉम, होम, पब्लिक-ए, 3-1901 (एनआईए)

आउटब्रेक ऑफ मुंडाज इन द राँची डिस्ट्रिक्ट, होम पब्लिक-ए, 1900 (एनएआई)
डेमी—ऑफिशियल नं. 15-डी, 3 जनवरी, 1900
फ्रॉम—द ऑनरेबल मि. सी.डब्ल्यू. बोल्टन, सीआईई, चीफ सेक्रेटरी टू द गवर्नमेंट ऑफ बंगाल
टू—जे.पी. हिवेट, सीएसआई, सीआईई, सेक्रेटरी टू द गवर्नमेंट ऑफ इंडिया, होम डिपार्टमेंट
डेमी—ऑफिशियल नं. 15-डी, 4 जनवरी, 1900
फ्रॉम—द ऑनरेबल मि. सी.डब्ल्यू. बोल्टन, सीआईई, चीफ सेक्रेटरी टू द गवर्नमेंट ऑफ बंगाल
टू—जे.पी. हिवेट, सीएसआई, सीआईई, सेक्रेटरी टू द गवर्नमेंट ऑफ इंडिया, होम डिपार्टमेंट
फ्रॉम—द एचजेसेंट जेनरल इन इंडिया नं. 453-कैम्प, 30 दिसम्बर, 1899
एन अकाउंट ऑफ द मुंडा कोल्स, पेज नं. 266-278 ऑफ द गैजेटियर (एनएआई)
मुंडा डिस्टर्बेंसेंज इन द छोटानागपुर डिविजन, होम, पब्लिक-ए, 1900 (एनएआई)
रिजल्ट ऑफ द ट्रायल ऑफ मुंडा डिस्टर्बेंसेंज इन छोटानागपुर एंड क्रिमिनल प्रोसिक्यूशंस प्राइजिंग देयरफ्रॉम, होम, पब्लिक-ए, 1901 (एनएआई)
हिस्ट्री ऑफ द फ्रीडम मूवमेंट इन बिहार, गवर्मेंट ऑफ बिहार, 1957, सेंट्रल सेक्रेटरिएट लाइब्रेरी
http://192.168.1.42:8080//handle/123456789/6503
कुमार सुरेश सिंह, *बिरसा मुंडा और उनका आन्दोलन*
श्रीकान्त, *स्वतंत्रता संग्राम में बिहार के बलिदानी,* बिहार विधानसभा, 2010
डिक्शनरी ऑफ मार्टियर्स, वॉल्यूम-4

बिरसा मुंडा के आन्दोलन में अचर्चित नायिकाएँ

बंगाल एडमिनिस्ट्रेटिव रिपोर्ट, 1898-1900, मुंडा डिस्टर्बेंसेंज इन राँची, पृ. 4
आउटब्रेक ऑफ मुंडाज इन राँची डिस्ट्रिक्ट, डिफेंस, बी, 8-1900 (रा. अभि.)
डेमी—ऑफिशियल नं. 15-डी, 10 जनवरी, 1900
फ्रॉम—जे पी हिवेट, सीएसआई, सीआईई, सेक्रेटरी टू द गवर्नमेंट ऑफ इंडिया, होम डिपार्टमेंट
टू—सर ए गोडले, केसीबी, हर मैजिस्टीज अंडर सेक्रेटरी ऑफ द स्टेट फॉर इंडिया
डेमी—ऑफिशियल नं. 15-डी, 16 जनवरी, 1900
फ्रॉम—जे पी हिवेट, सीएसआई, सीआईई, सेक्रेटरी टू द गवर्नमेंट ऑफ इंडिया, होम डिपार्टमेंट
टू—द ऑनरेबल मि. सीडब्ल्यू बोल्टन, सीआईई, चीफ सेक्रेटरी टू द गवर्नमेंट ऑफ बंगाल
डेमी—ऑफिशियल नं. 15-डी, 17 जनवरी, 1900
फ्रॉम—जे पी हिवेट, सीएसआई, सीआईई, सेक्रेटरी टू द गवर्नमेंट ऑफ इंडिया, होम डिपार्टमेंट
टू—द ऑनरेबल मि. सीडब्ल्यू बोल्टन, सीआईई, चीफ सेक्रेटरी टू द गवर्नमेंट ऑफ बंगाल
एक्सट्रैक्ट फ्रॉम ए डेमी ऑफिशियल लेटर फ्रॉम मि. ए. फोर्ब्स, सीएसआई, कमिश्नर ऑफ छोटानागपुर, 25 जनवरी, 1900
डेमी—ऑफिशियल नं. 15-डी, 28 जनवरी, 1900
फ्रॉम—ए फोर्ब्स, सीएसआई, कमिश्नर, कमिश्नर, राँची डिविजन
टू—द ऑनरेबल मि. सीडब्ल्यू बोल्टन, सीआईई, चीफ सेक्रेटरी टू द गवर्नमेंट ऑफ बंगाल
फॉरवर्डेड कॉपी ऑफ ए रिपोर्ट फ्रॉम द कमिश्नर, छोटानागपुर डिविजन रिलेटिंग टू द अटैक ऑन सईल रकाब हिल, नं. 762-जे, 8 फरवरी, 1900
आउटब्रेक ऑफ मुंडाज इन द राँची डिस्ट्रिक्ट, होम पब्लिक-ए, 1900 (एनएआई)

डेमी—ऑफिशियल नं. 15-डी, 3 जनवरी, 1900
फ्रॉम—द ऑनरेबल मि. सीडब्ल्यू बोल्टन, सीआईई, चीफ सेक्रेटरी टू द गवर्नमेंट ऑफ बंगाल
टू—जे पी हिवेट, सीएसआई, सीआईई, सेक्रेटरी टू द गवर्नमेंट ऑफ इंडिया, होम डिपार्टमेंट
डेमी—ऑफिशियल नं. 15-डी, 4 जनवरी, 1900
फ्रॉम—द ऑनरेबल मि. सीडब्ल्यू बोल्टन, सीआईई, चीफ सेक्रेटरी टू द गवर्नमेंट ऑफ बंगाल
टू—जे पी हिवेट, सीएसआई, सीआईई, सेक्रेटरी टू द गवर्नमेंट ऑफ इंडिया, होम डिपार्टमेंट
हिस्ट्री ऑफ द फ्रीडम मूवमेंट इन बिहार, गवर्मेंट ऑफ बिहार, 1957, सेंट्रल सेक्रेटरिएट लाइब्रेरी
http://192.168.1.42:8080//handle/123456789/6503
कुमार सुरेश सिंह, *बिरसा मुंडा और उनका आन्दोलन*
श्रीकान्त, *स्वतंत्रता संग्राम में बिहार के बलिदानी*, बिहार विधानसभा, 2010
डिक्शनरी ऑफ मार्टियर्स, वॉल्यमम-4

शहीद होपन मांझी

सिन्हा, अनुज कुमार, *महात्मा गांधी की झारखंड यात्रा*, 2020, प्रभात प्रकाशन प्रा.लि., नई दिल्ली
चौधरी, इन्द्र कुमार, *फ्रॉम रीजन टू नेशन : द ट्राइबल रिवोल्ट इन झारखंड (1855-58)*, 2019, दिशा इंटरनेशनल पब्लिकेशन हाउस, ग्रेटर नोएडा
लिस्टर, ई., *बिहार एंड ओरिसा डिस्ट्रिक्ट गजेटियर्स*, 1917, हजारीबाग, लोगोस प्रेस, नई दिल्ली
कूपलैंड, एच., *बंगाल डिस्ट्रिक्ट गजेटियर्स मानभूम*, 2018, लोगोस प्रेस, नई दिल्ली
सवाल, दीपक, *स्वतंत्रता आन्दोलन की दुर्लभ गाथा : जरा याद इन्हें भी कर लो*, 2019, प्रहरी फाउंडेशन, बोकारो
गोस्वामी, प्रोदिप्तो, *अनटोल्ड स्टोरी ऑफ छोटानागपुर (1767-1947)*, 2020, नोसन प्रेस, तमिलनाडु
वीरोत्तम, बी, *झारखण्ड : इतिहास एवं संस्कृति*, 2016, बिहार हिन्दी ग्रन्थ अकादमी, पटना
महतो, शैलेन्द्र, *झारखंड में विद्रोह का इतिहास (1767-1914)*, 2019, प्रभात प्रकाशन प्रा.लि., नई दिल्ली
समाचार-पत्र : प्रभात खबर, धनबाद संस्करण, दिनांक 16.04.2022

शहीद बैरू मांझी, अर्जुन मांझी और रूपु मांझी

को, बरही मजिस्ट्रेट कार्यालय से, प्रधान सहायक आयुक्त, हजारीबाग, 13 नवम्बर, 1853, पत्रांक सं. 50
चौधरी, इन्द्र कुमार, *फ्रॉम रीजन टू नेशन : द ट्राइबल रिवोल्ट इन झारखंड (1855-58)*, 2019
चौधरी, पी.सी. रॉय, *हजारीबाग ओल्ड रिकॉर्डस (1761-1878)*, 1957
चौधरी, पी.सी रॉय, *बिहार डिस्ट्रिक्ट गैजेट*, 1957, हजारीबाग
मल्लिक, अटा, *द रेसुरजेंस ऑफ ए मार्जिनलिज्ड सोसाइटी : 1857 रिबेलियन एंड द सन्ताल साइकोलॉजी*, 2015, प्रोसीडिंग ऑफ द इंडियन हिस्ट्री कांग्रेस
लिस्टर, ई., *बिहार एंड उड़ीसा डिस्ट्रिक्ट गैजेट*, 1917, हजारीबाग
वीरोत्तम, बी., *झारखंड : इतिहास एवं संस्कृति*, 2020, बिहार हिन्दी ग्रन्थ अकादमी, पटना

शहीद चम्पाइ मांझी

मेलि, एल.एस.एस.ओ., *बंगाल डिस्ट्रिक्ट गजेटियर : सन्ताल परगना*, 1999, लोगोस प्रेस, अंसारी रोड, नई दिल्ली

हंटर, डब्ल्यू.डब्ल्यू., *एनल्स ऑफ रूरल बंगाल*, 1996, एजुकेशन डिपार्टमेंट, गवर्नमेंट ऑफ वेस्ट बंगाल, सॉल्टलेक, कोलकाता

हंटर, डब्ल्यू.डब्ल्यू., *ए स्टेटिस्टीकल एकाउंट ऑफ बंगाल*, खंड-14, 1976, कॉन्सेप्ट पब्लिसिंग कम्पनी, आनन्द नगर, दिल्ली

लिस्टर, ई., *बिहार एंड उड़ीसा डिस्ट्रिक्ट गजेटियर* : *हजारीबाग*, 2016, लोगोस प्रेस, अंसारी रोड, नई दिल्ली

कुप्लैंड, एच., *बिहार एंड उड़ीसा डिस्ट्रिक्ट गजेटियर* : *मानभूम*, 1910, लोगोस प्रेस, अंसारी रोड, नई दिल्ली

सिंह, डॉ. के.एस., *द पीपुल ऑफ इंडिया*, खंड-16, 1985

वीरोत्तम, बी., *झारखंड : इतिहास एवं संस्कृति*, 2020, बिहार हिन्दी ग्रन्थ अकादमी, पटना

चौधरी, आई.के., *फ्रॉम रिजन टू नेशन : द ट्राइबल रिवोल्ट्स इन झारखंड (1855-58)*, 2019, दिशा इंटरनेशनल पब्लिशिंग हाउस, ग्रेटर नोएडा

मित्तल, एस.सी., *1857 : वनवासी नेतृत्व*, 2009, भारतीय इतिहास संकलन समिति, लोअर परेल, मुम्बई

महतो, शैलेन्द्र, *झारखंड में विद्रोह का इतिहास (1767-1914)*, प्रभात प्रकाशन, आसफ अली रोड, नई दिल्ली

कास्टेयर्स, आर., *हड़मावाक आतो*, 2017, काए बाहेर पब्लिकेशन, कोलकाता

शहीद शाम परगना

टुडू, मसूदी, *हुलगारिया शाम परगाना*, 2001, मिनर्वा प्रेस, दुमका

राय, तारापदा, *सन्ताल रिबेलियन डॉक्यूमेंट्स*, 1983, पश्चिम बंगाल सार्वजनिक पुस्तकालय, सुबरनारेखा, कोलकाता

हंटर, डब्ल्यू.डब्ल्यू., *दी एनल्स ऑफ रूरल बंगाल*, 1868, लेपोल्ड्ट एंड हॉल्ट, न्यूयॉर्क

राय, पी.सी., *बिहार डिस्ट्रिक्ट गजेटियर : सन्ताल परगना*, 1965, सेक्रेटरिएट प्रेस, पटना

कुमार, सी.एच., *सन्ताल परगनाज : सन्ताल और पहाड़िया का इतिहास*, 1968, काए बाहेर पब्लिकेशन, कोलकाता

कास्टेयर्स, आर., *हड़माज विलेज*, 1946, काए बाहेर पब्लिकेशन, कोलकाता

सोरेन, ई.जे., *इतिहास के आईने में सन्ताल परगना*, 2014, वीना प्रिंटिंग, दुमका

शाम परगना के वंशजों, सिदो-कानू के वंशजों एवं चम्पाइ मांझी के वंशजों द्वारा साक्षात्कार

कुमार, सी.एच., *सन्ताल परगनास : सन्ताल और पहाड़िया का इतिहास*, 1968, काए बाहेर पब्लिकेशन, कोलकाता

कास्टेयर्स, आर., *हड़माज विलेज*, 1946, काए बाहेर पब्लिकेशन, कोलकाता

चौधरी, आई., *फ्रॉम रीजन टू नेशन : द ट्राइबल रिवोल्ट्स ऑफ झारखण्ड (1855-58)*, 2019, दिशा इंटरनेशनल पब्लिशिंग हाउस, ग्रेटर नोएडा

चौधरी, पी., श्रीकान्त, *1857 : बिहार झारखंड में महायुद्ध*, 2008, राजकमल प्रकाशन प्रा.लि., पटना

टुडू, मसूदी, *हुलगारिया शाम परगना,* 2001, मिनर्वा प्रेस, दुमका
दत्त, के.के., द *सन्ताल इंसुरेक्शन,* 1940, कोलकाता विश्वविद्यालय, कोलकाता
पाल, एस., रणेन्द्र, *झारखंड इनसाइक्लोपीडिया : उलगुलानों की प्रतिध्वनियाँ,* खंड-1, 2014, वाणी प्रकाशन, नई दिल्ली
मैली, एल., *बंगाल डिस्ट्रिक्ट गजेटियर : बीरभूम,* 1910, बंगाल सचिवालय बुक डिपो, कोलकाता
राय, पी.सी., *बिहार डिस्ट्रिक्ट गजेटियर : सन्ताल परगना,* 1965, सेक्रेटरिएट प्रेस, पटना
राय, तारापदा, *सन्ताल रिबेलियन डॉक्यूमेंट्स,* 1983, पश्चिम बंगाल सार्वजनिक पुस्तकालय, सुबरनारेखा, कोलकाता
शंकर, उमा, *सन्ताल संस्कार की रूपरेखा,* 1966, निर्माण प्रकाशन, पटना
सोरेन, ई.जे., *इतिहास के आईने में सन्ताल परगना,* 2014, वीना प्रिंटिंग, दुमका
हंटर, डब्ल्यू.डब्ल्यू., द *एनल्स ऑफ रूरल बंगाल,* 1868, लेपोल्ड्ट एंड हॉल्ट, न्यूयॉर्क

शहीद भाको मुर्मू और भुगलू मुर्मू

घोष, लोकनाथ, द *मॉडर्न हिस्ट्री : ऑफ द इंडियन चीफ राजा जमींदार,* 1881, मुद्रक व प्रकाशक : जे.एन. घोष, कोलकाता
https://archive.org/details/dli.csl.8130
रामसे, एल.ई.बी. कोब्डेन, *बंगाल गजेटयर्स : फ्यूडेटरी स्टेट्स ऑफ उड़ीसा,* 1910, बंगाल सेक्रेटरिएट बुक डिपो, कोलकाता
https://archive.org/details/dli.csl.3285
मुखर्जी, डॉ. राधा कुमुद, *सिंहभूम, सराइकेला एंड खरसवाँ थ्रू द ऐज्स,* 1954, अल्लायंस प्रेस, कोलकाता
https://archive.org/details/mdp.39015027076259
रिपोर्ट ऑन द ऐडमिस्ट्रेशन ऑफ बंगाल, भाग-1, 1872, बंगाल सेक्रेटरिएट प्रेस, कोलकाता
https://archive.org/details/dli.bengal.10689.6450
हंटर, डब्ल्यू.डब्ल्यू, *स्टैटिस्टिकल अकाउंट ऑफ बंगाल,* 18, ट्रूबनर एंड कम्पनी, लन्दन
https://archive.org/details/in.ernet.dli.2015.38535
एनुअल एडमिनिस्ट्रेशन रिपोर्ट ऑन द गवर्नमेंट ऑफ बंगाल फ्रॉम 1871-72 से 1874-75
रिपोर्ट ऑन द फूड ग्रेन सप्लाई ऑफ बंगाल फॉर 1870, वॉल्यूम-34, भाग-1
स्मिथ, जार्ज (सम्पा.), *एनल्स ऑफ इंडियन एडमिनिस्ट्रेशन इन 1871-72,* वॉल्यूम-17, 1873, मुद्रक व प्रकाशक : गोपाल चन्द्र उपाध्याय, सेरामपुर
https://archive.org/details/dli.bengal.10689.3099
रिपोर्ट ऑन द कमिश्नर्स अप्पोइंटेड टू इनक्वायर इंटू द फेमिन इन बंगाल एंड उड़ीसा, 1866
रिपोर्ट ऑन द इंस्पेक्टर-जनरल ऑफ पुलिस, 1872
रिपोर्ट ऑफ द इंस्पेक्टर-जनरल ऑफ जेल्स फॉर 1872 AD विथ स्पेशल जेल स्टेटिस्टिक्स फॉर द ईयर 1857-58, 1860-61 एंड 1870
पब्लिक इंस्ट्रक्शन इन बंगाल 1872-73, 1874, बंगाल सेक्रेटरिएट प्रेस, कोलकाता
https://archive.org/details/in.ernet.dli.2015.238177
रिपोर्ट ऑन द एडमिनिस्ट्रेशन ऑफ द बंगाल 1871-1872, भाग-1, 1872, परिशिष्ट : डिपार्टमेंट चैप्टर्स एंड स्टैटिस्टिकल रिटर्न्स, बंगाल सेक्रेटरिएट प्रेस, कोलकाता
https://archive.org/details/dli.bengal.10689.6450

जामडेकर, अरविन्द पी. (सम्पा.), *डिक्शनरी ऑफ मार्टियर्स : इंडियन फ्रीडम स्ट्रगल,* 1857-1947, चतुर्थ संस्करण, 2010, मिनिस्ट्री ऑफ कल्चर, भारत सरकार
https://indiaculture.nic.in/sites/default/files/pdf/Martyrs_Vol_4_06_03_2019.pdf

दामोदरण, विनीता, *फेमिन इन ए फारेस्ट ट्रैक्ट : इकोलॉजिकल चेंज एंड द कॉसेस ऑफ द 1897 फेमिन इन द छोटानागपुर नार्थ इंडिया,* 1994, वाइट हॉर्स प्रेस, लन्दन
https://doi.org/http://dx.doi.org/10.3197/096734095779522636

अतिचिसन, सी.यू., *अ कलेक्शन ऑफ ट्रीट्रीज : इंगेजमेंट एंड सनद रिलेटिंग टू इंडिया एंड नेबरिंग कंट्रीज* (रिवाइज्ड एंड कंटीन्यूड टू 1929)

प्राइस, जे.सी., *नोट्स ऑन द हिस्ट्री ऑफ मिदनापुर,* भाग-1, 1876, बंगाल सेक्रेटरिएट प्रेस, कोलकाता
https://archive.org/details/dli.csl.4031

डे, सुनील कुमार (सम्पा.), *झारखंड प्रभा बहुभाषी साहित्यक पत्रिका,* अंक-10, 2014, झारखंड साहित्य-संस्कृति परिषद, पूर्वी सिंहभूम

लेथब्रिज, सर रोपर, द *गोल्डन बुक ऑफ इंडिया : अ जीनोलोजीकल एंड बायोग्राफिकल डिक्शनरी ऑफ द रूलिंग प्रिंसेस चीफ नोबल्स एंड अदर पेर्सोनागेस टाइटल्ड एंड डेकोरेटेड ऑफ द इंडियन अम्पायर,* 1893, मैकमिलन एंड कम्पनी, लन्दन एंड न्यूयॉर्क
https://archive.org/details/goldenbookofindi00lethuoft

दीज फिगर्स टेल्स : ए स्टोरी ऑफ कॉन्फिडेंस, गुडविल, प्रोग्रेस एंड सक्सेस, 1938, ठाकरे प्रेस एंड डायरेक्ट्रीज एल.टी.डी., कोलकाता
https://archive.org/details/dli.ministry.06683

नाथ, संजय, *रिमेम्बरिंग पोटो हो : द लीडर ऑफ आदिवासी एंटी ब्रिटिश रेजिस्टेंस इन कोल्हान* (1836-37), भाग-9, 2019, जर्नल ऑफ आदिवासी एंड इंडिजेनस स्टडीज
https://www.academia.edu/40972758/Remembering_Poto_Ho_The_Leader_of_Adivasi_Anti_British_Resistance_in_Kolhan_1836_37_

रिपोर्ट ऑफ द इंडियन फेमिन कमीशन, प्रथम संस्करण, 1880, रेवेन्यू एंड एग्रीकल्चर डिपार्टमेंट प्रेस, कोलकाता

शहीद जीतराम बेदिया

वीरोत्तम, बी., *झारखंड : इतिहास एवं संस्कृति,* 2020, बिहार हिन्दी ग्रन्थ एकादमी, पटना

पाल, एस., रणेन्द्र, *झारखंड इनसाइक्लोपीडिया,* 2014, वाणी प्रकाशन, नई दिल्ली

हिस्ट्री ऑफ द फ्रीडम मूवमेंट इन बिहार, 1957, सेंट्रल सेक्रेटरिएट लाइब्रेरी, बिहार सरकार
https://www.jagran.com/jharkhand/ranchi-why-1857-warrior-jitram-bedia-did-not-get-respect-in-indian-history-22339267.html
https://www.jagran.com/jharkhand/ranchi-10969573.html